DESCRIPTIONS

DE
DIVERS OUVRAGES
DE PEINTURE
FAITS POUR
LE ROY.

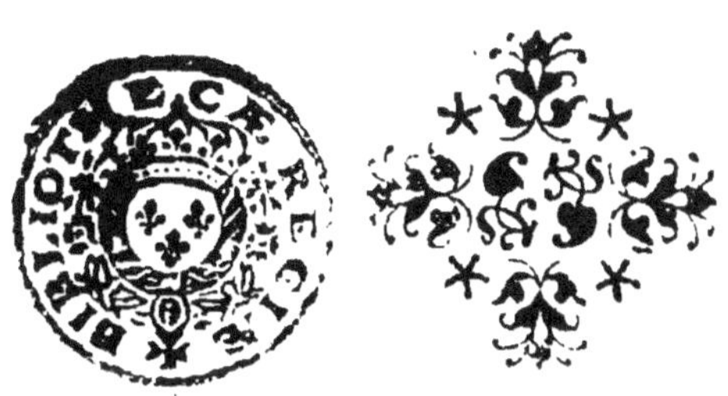

A PARIS,

Chez SEBASTIEN MABRE-CRAMOISY,
Imprimeur du Roy, ruë S. Jacques, aux Cicognes.

M. DC. LXXI.

Avec Privilege de Sa Majesté.

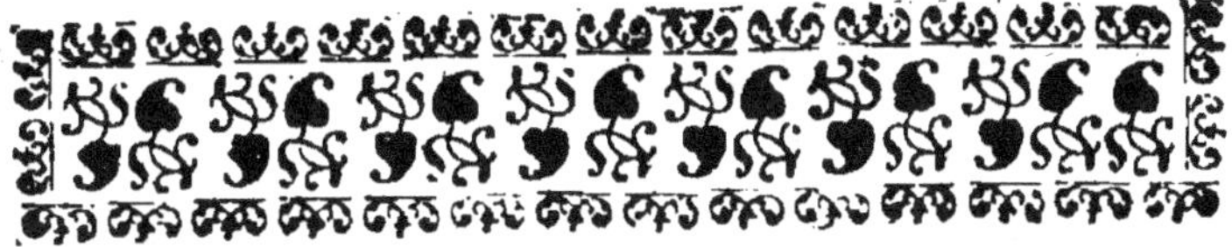

LE LIBRAIRE
AU LECTEUR.

*L*ES Piéces que j'ay mises dans ce Recueil ayant paru en differens temps avec l'approbation publique, j'ay creû qu'en les réimprimant toutes ensemble, je satisferois à la curiosité de plusieurs personnes, qui ne seront pas fâchées de les avoir d'vn Volume commode & portatif, & qui peut-estre auroient à present de la peine à les pouvoir ramasser. La premiére de ces Piéces est la description de l'Arc qui fut élevé dans la Place Dauphine à l'entrée du Roy & de la Reine en l'année 1660.

AU LECTEUR.

La seconde & la troisiéme regardent deux excellens Tableaux de la main de M. le Brun. La quatriéme & la cinquiéme expliquent deux tentures de Tapisseries faites pour S. M. Et la sixiéme est la Relation de la Feste que le Roy fit faire à Versailles au mois de Iuillet 1668. dont l'agréable spectacle surprit tous ceux qui s'y trouverent. Comme toutes ces piéces ont en soy quelque chose de curieux, & qui marque l'estat florissant où la France se trouve aujourd'huy par la Paix, & le bonheur dont elle joüit, les Estrangers mesmes seront bienaises de voir quelles sont les occupations des François pendant vn regne si glorieux, dont ils ressentent eux-mesmes de favorables effets.

TABLE.

DESCRIPTION

DESCRIPTION

DE L'ARC

DE LA

PLACE DAUPHINE.

DESCRIPTION
DE L'ARC
DE LA
PLACE DAUPHINE.

DE tout temps l'on s'est ser-vi d'Arcs de Triomphe pour honorer les Princes & les Conquerans; & cette maniére de Por-tes que l'on dressoit ordinaire-ment hors des Villes, signifioit l'accroissement que l'Estat recevoit de leurs Conquestes & de leurs Victoires.

Les Grecs & les Romains, qui ne croioient pas qu'on pût laisser à la Posterité trop de témoigna-

ges de l'honneur qu'on rend à la
Vertu, élevoient encore de riches
Colonnes, pour éterniser la gloire de leurs Heros. Et les Egyptiens, qui de tous les Peuples ont
esté ceux qui ont le plus tâché de
marquer la grandeur des Actions,
par des Ouvrages solides & des
Caracteres immmortels, dressoient
des Obélisques gravez de divers
Hieroglifiques, pour signifier par
cette figure Pyramidale vne Ame
toute divine, & vn Homme qui s'é-
leve au Ciel par ses hautes Vertus.

C'est sur l'exemple de ces anciens Peuples, que celui de Paris
voulant donner au Roy & à la
Reine des témoignages de son
respect & de sa joye, en l'entrée
solennelle qu'il leur prépare, a
élevé dans la Place Dauphine vn
Arc & vn Obélisque, où le Peintre par la force de son imagina-
tion & par l'excellence de son art,
fait voir sous des Peintures miste-

rieuſes la Réünion des contraires, & les antipathies miſes d'accord; pour montrer que ce grand Ouvrage de la Paix, & cét auguſte Mariage ſont admirables, par la réünion qui ſe fait de deux Royaumes, entre leſquels il y a eû ſi long-temps vne antipathie, & vne deſunion ſi grande.

Quoi que toute la ſtructure de cét Arc ne faſſe qu'vn meſme corps; néanmoins elle peut eſtre conſiderée comme deux Parties jointes enſemble; ſçavoir, le corps qui compoſe l'Arc, & l'Obéliſque qui eſt poſé ſur cét Arc. La premiere Partie repreſente le Peuple, & la ſeconde repreſente le Roy. Cette premiere Partie eſt comme la baſe de l'Obéliſque, de meſme que le Peuple eſt comme la baſe & le fondement ſur lequel le Roy eſt élevé.

L'Arc eſt feint de marbre blanc, dont les moulures & les ornemens font enrichis d'or. L'ordre eft compofé d'Ionique; & à chaque côté de l'Arc il y a deux Termes qui font feints de bronze, parce qu'aiant à porter le faix du baftiment, ils doivent paroître d'vne matiére folide.

Ces quatre Termes reprefentent les quatre Elemens, qui ont auffi vn rapport naturel aux quatre Humeurs dont les hommes font compofez.

Que fi au lieu de Colonnes les Grecs reprefenterent autrefois dans leurs Arcs & dans leurs Portiques des Perfes & des Caryatides, pour marquer la Victoire qu'ils avoient obtenüe fur eux; l'on a bien pû reprefenter dans cét Arc de Triomphe, les quatre Elemens ou les quatre Humeurs, puis qu'en effet ils fervent de fujet à la Paix, qui ne triomphe que par la Victoire qu'elle a obtenüe fur les humeurs differentes de differens Peuples.

Aussi a-t-on disposé ces Termes en telle sorte, que les contraires se trouvent joints ensemble, & s'embrassent mutuellement, afin de soûtenir d'vn commun accord l'Arc de Triomphe, & l'Aiguille qui est au dessus.

Les deux Figures qui sont du costé droit, representent le Feu & l'Eau; & les deux autres qui sont du costé gauche, representent l'Air & la Terre.

Elles sont peintes comme de jeunes Filles, & ont chacune leurs expressions particulieres, & propres à ce qu'elles signifient.

Celle qui represente le Feu, a le front ceint d'vn bandeau, & est habillée comme les Vestales, qui gardoient le Feu sacré chés les anciens Romains. L'air de son visage est vif, ses yeux sont étincelans; & ses cheveux crespus &

annelez, ſemblent imiter le mou-vement de la flâme.

La partie inferieure du Terme, qu'on appelle communément Gaine parmi les Artiſtes, à cauſe qu'elle repreſente vne eſpece de Fourreau, où les cuiſſes & les jambes de la Figure ſont enfer-mées ; cette partie, dis-je, du Terme, a la forme d'vn trepied antique, dans lequel il y a du feu allumé, & d'où pend vn Feſton fait de toutes ſortes d'outils qui ſervent au feu.

L'autre Figure repreſente l'Eau ; & à l'air de ſon viſage elle paroiſt avoir moins de force & de vi-gueur ; ſes cheveux ſont abbatus, & comme moüillez ; ſa teſte eſt couronnée de roſeaux, & ſon vé-tement reſſemble à ceux dont on habille d'ordinaire les Divinitez des eaux. La Gaine eſt faite d'vn filet plein de differens poiſſons, ſur laquelle pend auſſi vn Feſton

compofé de proües, d'avirons, &
d'autres chofes qui fervent à la
Navigation.

Quant à la Figure qui reprefente l'Air, elle a le vifage gai &
riant ; fes cheveux font frifez &
annelez, fur lefquels on voit tomber plufieurs plumes qui cachent
le haut de fa coiffeure. Pour fon
vêtement, il paroift d'vne étoffe
fort legere. La Gaine reprefente
vne cage pleine d'oifeaux, & le
Fefton dont elle eft ornée, eft
fait de plufieurs fortes d'inftrumens à vents, comme flageolets,
flûtes, & autres.

La quatriéme Figure, qui figni-
fie la Terre, eft reprefentée comme l'on reprefente la Déeffe Cybelle. Elle a dans fon vifage quelque chofe de mafle & de ferieux,
& fes cheveux negligemment ajuftez autour de fa tefte, font cou-
ronnez d'vne guirlande de fleurs.
La Gaine eft vn panier rempli de

fruits ; & le Feſton qui en ſort eſt fait d'inſtrumens propres à l'Agriculture.

Les deux Figures qui repreſentent le Feu & l'Eau, ſoûtiennent vne Table, où il y a pour deviſe deux Canons, dont l'vn eſt couvert de Fleurs de Lis, & l'autre eſt orné des Armes d'Eſpagne. L'Ame de cette deviſe, ſont ces paroles : *Communia fata duorum.*

L'Air & la Terre, qui ſont de l'autre coſté, ont auſſi vne Table, dans laquelle il y a deux Cœurs enlacez d'vn filet, avec vne Couronne au deſſus, & ces paroles : *Non vſquam junxit nobiliora fides.*

Dans les Piedeſtaux, qui ſont aux deux côtez de l'Arc, & qui ſoûtiennent les Termes, on a feint deux Baſreliefs relevez d'or, où il y a vn Amour repreſenté en deux maniéres differentes. Dans l'vn ce Dieu tient vn filet fur vn labyrinthe , au deſſus duquel eſt écrit : *Solus invenit viam;* pour ſignifier que lui ſeul pouvoit trouver le moien d'accorder par la Paix & par le Mariage tant de choſes contraires, & tirer les Peuples de ce fâcheux labyrinthe de diviſions & de deſordres, où ils eſtoient embaraſſez depuis ſi long-temps. Et dans l'autre Baſ-relief avec vn meſme ſens, on a auſſi repreſenté l'Amour débroüillant le Cahos, & rangeant chaque choſe en ſa place, comme les Philoſophes anciens diſent qu'il le fit à la naiſſance du monde ; & ces paroles ſont écrites au deſſus: *Diſſociata locis concordi pace ligavit.*

Au deſſus de l'Arc eſt vn Attique couronné de deux Frontons, aux deux coſtez deſquels ſont deux Figures peintes au naturel. Celle qui eſt au coſté droit eſt vétuë d'vn grand Manteau de pourpre relevé d'or. D'vne main elle tient vn Cœur enflamé, & de l'autre elle embraſſe vn Pelican, qui s'ouvre l'eſtomac pour nourrir ſes Petits, qui ſont poſez ſur vn Autel à l'antique, & ſous ſes pieds paroiſt vn Loup renverſé.

Toutes ces marques font aſſez connoiſtre que cette Figure eſt la Piété, qui renverſe l'Impieté, repreſentée d'ordinaire par vn Loup, à cauſe de la Fable de Lycaon : Mais il faut aller encore plus loin, pour entendre tout le deſſein du Peintre, & s'imaginer que par la Piété il a voulu figurer auſſi la Reine Mere, parce que la Piété eſt vne des plus hautes vertus de cette grande Princeſſe : Et il a ajoûte en particulier le Pelican, qui eſt ſa Deviſe, & qui marque ſi bien la tendreſſe qu'elle a toûjours euë pour les Enfans que le Ciel lui a donnez.

Quant à la Figure, qui eſt de l'autre coſté, & qui tient vne branche d'Olive à la main, on juge aiſément que c'eſt la Douceur qui terraſſe la Cruauté : car elle a entre ſes bras vn Agneau, & à ſes pieds vn Tigre abbatu, qui ouvere ſa gueule, d'où ſort vn eſſein de Moûches à miel.

Cette Figure eſt faite pour repréſenter la Reine ; la Douceur eſtant vne des vertus qui éclatent davantage en ſon auguſte Perſonne. Le Rameau d'Olive qu'elle tient à la main, eſt le ſymbole de la Paix qu'elle nous apporte. Les Abeilles qui ſortent de la gueule de ce Tigre abbatu, font alluſion à celles qui ſortirent du Lion de Samſon, & qui lui firent dire, que *du fort eſtoit ſortie la douceur*; & montrent que par cette Paix & par ce Mariage, toute la fureur & toutes les cruautez de la Guerre ſont maintenant changées en douceur. Et de vrai, on ne pouvoit pas mieux figurer le repos & la prosperité que la Paix & le Mariage nous font espe-rer, que par les Abeilles, qui font le symbole de la douceur, de la concorde, & de l'vnion d'vn Eſtat.

Cependant ſi ces deux Figures font voir les vertus de nos auguſtes Reines, elles conviennent auſſi parfaitement bien au ſujet que le Peintre s'eſt propoſé de repreſenter dans cét Arc, qui eſt l'vnion des deux Royaumes, au-paravant ſi deſunis. Car encore que le Pelican ſemble commettre vne impiété en s'ouvrant le ſein, il fait néanmoinsvn acte de piété envers ſes Petits, qu'il nourrit de ſon propre ſang. Et le Tigre, le plus cruel de tous les animaux, produit la douceur du miel par les Abeilles qui ſortent de ſa gueule.

Ces deux Figures ſont environ-nées de petits Amours, qui attachent des Feſtons de fleurs aux rouleaux qui naiſſent des deux Frontons de l'Attique ; & ces Amours ſont ceux qui ont travaillé à renverſer l'Impiété, & à faire naiſtre de la Cruauté, la Douceur, de quoi ils ſemblent triompher & ſe réjoüir.

Au deſſous des Frontons & contre l'Attique, on a feint comme vne Tapiſſerie, dont la doubleure eſt d'azur ſemée de Fleurs de Lis d'or. La bordeure du haut eſt compoſée de l'Ordre du Saint Eſprit, & celle d'en bas de l'Ordre de Saint Michel.

Dans cette Tapiſſerie feinte, ſont repreſentez le Roy & la Reine aſſis dans vn Char, qui eſt conduit par le Dieu Hymen, & tiré par vn Coq & vn Lion.

A l'vn des coſtez de ce Char eſt la Concorde, qui tient vn faiſſeau d'Armes, dont elle renverſe la Diſcorde & la Guerre.

De l'autre coſté eſt la Paix couronnée d'Olive. D'vne main elle
tient vne Corne d'abondance, &
de l'autre elle rappelle les Sciences & les Arts, qui avoient eſté
bannis pendant la guerre.

Par ces deux Figures de la Concorde & de la Paix, on veut repreſenter comme les Conſeils du
Roy ont porté ce grand Monarque à donner la Paix à ſon Roiaume, & à remettre ſes Peuples dans
le calme & dans le repos. Leurs
Majeſtez ont la main ſur vn Globe qu'elles tiennent, pour ſignifier que par cette Alliance elles
donnent la Paix à tout le Monde. L'Hymen qui conduit le Cocq
& le Lion, repreſente comme ce
Mariage a réüni la France & l'Eſpagne, ſignifiées par le Cocq &
par le Lion, qui ſont deux animaux extrêmement courageux.
Quelques-vns ont dit, que l'antipathie & l'émulation qui ſe trou-

ve entre eux, viennent de ce qu'ils font également dominez par le Soleil ; & que l'influence de cét Aſtre eſt encore plus forte dans le Cocq que dans le Lion ; ce qui fait naiſtre au Lion l'averſion naturelle & la crainte extrême qu'il a pour le Cocq. Et en effet, ſi le Lion a toûjours eſté le ſymbole de la force & de la fierté, le Cocq a eſté le ſymbole de l'ardeur & de la hardieſſe au combat. C'eſt pourquoi Phidias aiant fait autrefois vne image de Pallas pour les Eléens, il repreſenta ſur le bouclier de cette Déeſſe vn Cocq qui s'élevoit ſur ſes pieds, comme s'il euſt voulu combattre.

Au deſſus de l'Attique, & entre les deux Frontons, il y a vn Atlas, qui a ſous ſes pieds quantité d'Armes renverſées, & qui porte ſur ſes épaules vn Globe d'azur où ſont trois Fleurs de Lis d'or. Il ſemble, à voir ſon action, qu'il veüille mettre ce Globe entre les mains de deux Figures qui font pofées fur les Frontons, ou du moins qu'il s'attend qu'elles lui aident à fouftenir vn fi pefant fardeau. Ces deux Figures font les Génies de la France & de l'Efpagne, qui fe font affez con-noiftre par les differentes couleurs de leurs veftemens. Car le Génie de la France eft veftu de blanc & de bleu; & celui de l'Efpagne eft veftu de jaune & de rouge.

Cét Atlas a le front ceint d'vn Bandeau roial. Il eft couvert d'vn grand Manteau rouge. Il a vne Efcharpe de mefme couleur, or-née de trois Eftoilles d'or, & au-prés de lui vn Faiffeau d'armes avec la Hache. Ce Manteau, cet-te Efcharpe, & ce Faiffeau re-prefentent le veftement & les Ar-mes du premier Miniftre, dont les foins ont efté fi vtiles & fi glorieux à la France. Ces Armes ſont des Armes pleines de miſteres , & où le Ciel ſemble avoir marqué , comme dans l'Eſcu que Venus fit voir autrefois à Enée , les grandes choſes que ce Miniſtre devoit vn jour accomplir : Car le Faiſſeau , qui eſt le ſymbole de l'vnion & de la concorde , repreſente ce grand Cardinal établiſſant la concorde & la paix entre la France & l'Eſpagne , ſignifiées par les deux differentes couleurs dont le champ & la faſce de l'Eſcu ſont compoſez. La Hache qui eſt au milieu du Faiſſeau , & qui ſignifie la Juſtice & la Puiſſance , repreſente la force de ſon eſprit, & la juſtice de ſes actions , par leſquelles il s'eſt rendu ſi conſiderable, qu'il eſt devenu l'Arbitre d'vne Paix dont toute l'Europe reſſent aujourd'hui les avantages. Les trois Eſtoiles d'or qui dominent ſur tout l'Eſcu, ſont comme trois

Aſtres qui forment vne conſtel-
lation favorable à la France & à
l'Eſpagne, & dont les douces influences doivent rendre ces deux
Roiaumes heureux & puiſſans, par
les trois ſortes de biens qu'elle a
déja répandus ſur eux ; ſçavoir
par la concorde & la paix qu'elle a rétablies entre deux ſi grands
Monarques ; par l'amitié & la
bonne intelligence qu'elle met
parmi les Peuples ; & enfin par
le Mariage du Roy & de la Reine, qui eſt le lien indiſſoluble,
dont la Paix & la bonne intelligence des Rois & des Peuples
ſeront à jamais vnies.

Quant au Manteau dont cét
Atlas eſt couvert, il ſignifie par
ſa pourpre le rang illuſtre que
Son Eminence tient dans l'Egliſe. Et ſi le Bandeau dont le front
de cette Figure eſt ceint, marque
l'autorité Roiale, il marque auſſi le ſouverain Sacerdoce, puis

qu’anciennement les Souverains Pontifes avoient le front ceint d’vn ruban. C’eſt pourquoi le Peintre a voulu repreſenter par cét ornement, non ſeulement l’honneur & la gloire dont la teſte de cét Homme illuſtre ſera à jamais couronnée, mais encore le ſouverain Sacerdoce dont il merite d’eſtre honoré.

Il a peint cét excellent Miniſtre ſous la figure d’Atlas portant vn Globe ſur ſes épaules, pour faire entendre, que comme Atlas a eſté recommandable parmi les Anciens, pour avoir parfaitement connu le cours des Aſtres, & le mouvement des Cieux; de meſme ce grand Perſonnage eſt recommandable par la parfaite connoiſſance qu’il a de tous les Eſtats du monde, & de tous les intereſts des Princes, eſtant depuis ſi long-temps chargé des affaires les plus importantes de l’Europe, & les aiant maniées &

ſouſtenuës avec vne conduite &
vne force admirable.

On a ainſi placé cette Figure
au deſſus de l'Attique, entre l'O-
béliſque & l'Arc, parce que le
premier Miniſtre eſt comme le
Médiateur entre le Roy & le Peuple, & que c'eſt par ſon organe que
le Roy fait entendre ſes volontez.

Et comme le Ciel l'a deſtiné
pour eſtre le Pacificateur des diffe-
rends, non ſeulement de la France
& de l'Eſpagne, mais de tous les
Peuples Chreſtiens, on l'a repreſenté mettant vn Globe entre les
mains des Génies de la France & de
l'Eſpagne, pour faire voir que par
cette Paix ſi celebre, & ce Mariage ſi ſolennel, il rend ces deux
Roiaumes maiſtres de tout le Monde. Car ce Globe repreſente le
Monde entier; & les Fleurs-de-Lis
d'or y ſont miſes ſeulement pour
marquer l'avantage de la France par deſſus toutes les autres

Nations, n'y en ayant point qui foit aujourd'hui fi illuftre ni fi glorieufe. Ces deux Génies foûtiennent ce Globe chacun avec vne main ; & de leurs autres mains ils tiennent la Couronne de France qui eft au deffus, pour montrer que l'Efpagne mefme contribuëra deformais par ce grand Mariage à la foûtenir, & à la faire regner fur tout le Monde.

Derriére ces deux Génies & fur les Frontons, il y a en forme de Trophées des Guidons, où font reprefentez les Armes des Villes conquifes fur l'Efpagne, & laiffées à la France en faveur de la Paix & du Mariage. Celles des Villes conquifes font auprés du Génie de la France, & celles des Villes laiffées par l'Efpagne, du cofté du Génie de l'Efpagne.

Au deffus de la Couronne que fupportent les deux Génies, paroist vne Femme qui tient dans ses mains deux Trompettes, dont les banderolles sont enrichies des Chiffres du Roy & de la Reine. C'est la Renommée qui publie par toute la Terre l'Alliance des deux plus augustes Nations du Monde, & qui fait retentir de toutes parts le Nom de leurs Majestez.

Quant à l'Obélisque qui represente l'autorité Roiale, elle est enrichie de deux Basreliefs relevez d'or. Dans l'vn on voit la France à genoux en estat de suppliante, qui reçoit avec vne joie extrême des mains de la Reine Mere vn jeune Enfant, que la Providence divine, figurée vn peu plus haut, vient de lui apporter. On a voulu marquer sur cét Obélisque, la naissance comme miraculeuse de nostre grand Roy, que Dieu donna à la France, aprés vingt années de vœux & de priéres.

Dans

Dans l'autre Basrelief est peint le Génie de la France, qui apporte sur son bouclier le Portrait de la Reine, comme vn nouveau Palladium. L'on voit qu'à son aspect Bellone, qui est la Déesse de la Guerre, s'enfuit toute épouvantée; parce qu'en effet, ç'a esté par le Mariage que la Paix a esté entiérement affermie.

On auroit encore pû representer sur cét Obélisque les belles actions que nostre grand Monarque a faites depuis qu'il est monté sur le Thrône de la Monarchie. Mais combien eût-il falu peindre de combats donnez, de Villes gagnées, & de Victoires remportées par mer & par terre? Et il semble que ce nom de Paix doive effacer toutes ces Images glorieuses, mais funestes. L'on a donc obmis toutes ces grandes choses, pour s'arrester seulement à celle qui est la plus illustre, qui sert aujourd'hui de

B

recompenſe à tant de travaux paſ-
ſez , & qui en rendant celébre
le nom de noſtre auguſte Monarque , doit rendre á jamais ſes Peuples bienheureux.

Auſſi l'on a mis à la pointe de
l'Obéliſque vne belle Femme aſſiſe ſur vn Globe celeſte. Elle a
des ailes au dos , vne Couronne
d'or ſur la teſte , & la gorge découverte. D'vne main elle tient
vn Cercle d'azur ſemé d'étoiles
d'or , qui enferme les Chiffres du
Roi & de la Reine ; & de l'autre
elle tient vne Corne d'abondance & vne Trompette , dont la
banderolle eſt d'vn bleu celeſte,
& où l'on voit écrit en lettres d'or,
Æternitas.

Cette Figure repreſente la Gloire immortelle , qui a mis en dé-
poſt les Noms de leurs Majeſtez
dans ce Cercle d'azur , qui eſt la
figure de l'Eternité. Elle eſt aſſiſe
ſur vn Globe celeſte , pour mon-

trer qu'elle eſt élevée au deſſus de toutes choſes , & qu'elle dure éternellement. Sa gorge décou-verte , ſignifie que la veritable Gloire eſt connuë de tout le mon-de. Sa Couronne d'or , fait voir que le prix de la Gloire eſt toû-jours ſolide , & illuſtre ; & qu'é-tant fondée ſur la Vertu , elle ne manque jamais des biens verita-bles & permanens, qui ſont auſſi repreſentez par la Corne d'abon-dance qu'elle tient à la main. Quant à ſa Trompette , elle mon-tre aſſez comme la Gloire ne manque jamais de ſe répandre par tout le Monde , & que celle de leurs Majeſtez ne ſe fera pas ſeulement connoiſtre par toute la Terre , mais qu'elle y demeurera à jamais triomphante , & reverée de tous les Peuples.

Or l'on voit bien que toutes ces Figures qui ſont peintes au deſſus de l'Arc , ne ſont point des Figures qui chargent l'Edifice, parce que ce ne font point des Statuës de bronze ni de marbre, mais des Divinitez que le Peintre a judicieufement reprefentées au naturel. Elles paroiffent à l'entour de cét Obélifque, comme fi elles s'y eftoient affemblées pour affifter à cette grande Cerémonie, pendant que toute la France adreffe au Ciel fes vœux & fes priéres, afin qu'il lui plaife de combler de mille benedictions vn Mariage fi defiré ; & que la joye qui accompagne cette grande Solennité n'eftant jamais interrompuë, on la voie toûjours fi bien affermie, que non feulement elle couronne de gloire la Tefte Sacrée de leurs Majeftez, mais que ce foit le folide fondement du Repos & de la Felicité des Peuples.

FELIBIEN.

LES REINES DE PERSE AUX PIEDS D'ALEXANDRE.

PEINTVRE DV CABINET DV ROY.

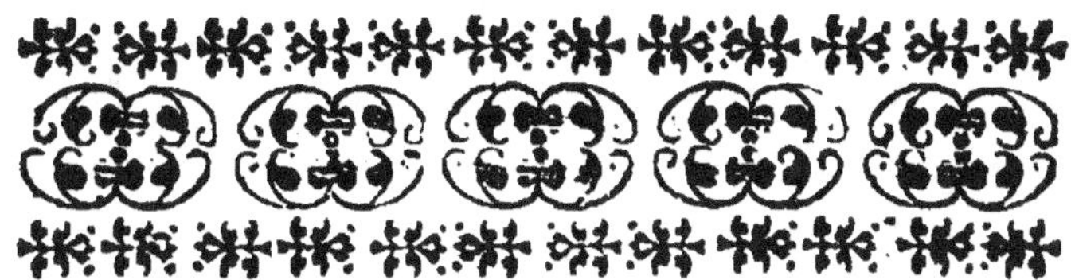

AU ROY.

SIRE,

La grande Science des Rois eſt
ſans doute de ſçavoir regner; &
l'on peut dire qu'vn Prince poſſede toutes les autres quand il
poſſede celle-là. En effet, lors

qu'il fçait gouverner fon Roiaume, il a non feulement vne connoiffance fuperieure à celles de toutes les Sciences & de tous les Arts, mais il eft le maiftre, ou plûtoft le pere des Arts & des Sciences. C'eft luy qui leur donne l'eftre, qui contribuë à leur accroiffement, & qui les fait vivre parmi fes Sujets.

VÔTRE MAJESTÉ a receû du Ciel cette Science toute divine, & elle s'en fert avec de fi grands avantages, qu'elle donne de l'étonnement à toute la terre.

C'eft fçavoir regner, SIRE, que d'avoir remporté tant de victoires, conquis tant de Villes, donné la paix à toute l'Europe, établi le repos dans fon Roiaume ; que de travailler continuellement au foulagement de fes peuples, & chercher foi-mefme les moyens de les rendre heureux, & d'affermir leur bonheur. C'eft, dis-

je, sçavoir regner, & sçavoir regner en grand Prince, en Prince
Chreſtien, & en veritable Pere
du Peuple, qui eſt le titre le plus
glorieux que les grands Monarques ayent jamais obtenu de l'a-
mour & de la reconnoiſſance de
leurs Sujets.

Les grandes actions que V. M.
a faites pendant la guerre la rendent redoutable à tout le monde,
& les actions de juſtice qu'Elle fait
dans la paix, la font benir de tous
les Peuples. Mais V. M. ne ſe
contente pas de remedier aux deſordres qui ont eſté cauſez dans
ſes Eſtats pendant vne ſi longue
ſuite de mauvaiſes années ; Elle
prend encore le ſoin de tirer d'entre ces deſordres, les Sciences &
les Arts, qui eſtoient comme en-
ſevelis, & qui n'oſoient paroiſtre :
Elle les rétablit dans leur premiére
dignité ; Elle les honore de ſa pro-
tection ; & par ſes faveurs Elle

ajoûte vn nouvel éclat à celuy qu'ils ont receû autrefois de tant de grands Princes , qui deviendroient les imitateurs de voſtre vie, s'ils pouvoient revivre vn jour.

La Peinture, SIRE, qui ne le cede guere à l'Hiſtoire, quand il s'agit d'éterniſer les grands Hommes, ſe ſent tellement obligée au bon accueïl que vous luy faites , qu'elle n'eſt en peine que de trouver vne matiére aſſez durable pour conſerver les traits qu'elle veut marquer, afin de rendre immortel le nom de V. M. & de faire connoiſtre à la poſterité les obligations qu'elle vous a. Les favorables regards d'vn ſi grand Roy luy ont donné des lumiéres plus vives & plus belles , qu'elle n'en avoit eû juſques alors; & elle ſe ſent échauffée d'vn ſi beau feu, qu'elle oſe tout entreprendre pour luy plaire.

Mais les grandes occupations

de V. M. aux affaires de son Estat,
ne vous donnent pas le loisir de
considerer les soins qu'elle prend
pour se rendre agréable à vos
yeux ; ou plûtost V. M. accom-
plit tant & de si grandes choses à
la fois, qu'elle n'a pas le temps de
se refléchir sur tout ce qu'Elle fait :
Car c'est V. M. SIRE, qui est
la premiére cause de tout ce que
l'on voit aujourd'huy d'illustre &
de grand ; & ce rare Ouvrage que
son excellent Auteur vient d'ache-
ver, est moins vne production de
son art & de sa science, qu'vn effet des belles idées qu'il a receuës
de V. M. quand Elle luy a commandé de travailler pour Elle.

Il est vray aussi que V. M. a
honoré cét Ouvrage de son estime. Et c'est ce qui me donne la
hardiesse de luy presenter vne copie imparfaite de ce Tableau, ou
plûtost vne autre Peinture, qui
n'a ny traits ny couleurs, mais

qui servira peut-estre à faire remarquer dans l'original des traits
& des couleurs que l'on n'examine pas assez soigneusement, & à
faire connoistre que Dieu qui met
dans l'ame des Rois & des Princes des Vertus extraordinaires,
leur donne encore vne intelligence si parfaite de toutes choses,
qu'ils en jugent mieux que tous
les autres hommes, puisque l'approbation de Vostre Majesté est
suivie de celle de tous les sçavans, & mesme de tout le monde.

Car quoy que la voix publique ne soit pas toûjours vn témoignage fort assûré de la bonté
d'vn Ouvrage, principalement
cette voix du Peuple qui fait d'a-
bord tant de bruit ; néanmoins
quand le Peuple & les personn-
nes connoissantes s'accordent ensemble pour donner leur approbation, c'est vne marque infail-
lible de l'excellence du sujet dont

ils jugent , parce que le fimple Peuple voit toûjours bien fi les chofes font naturelles & agréables, & les Sçavans jugent des fecrets de l'Art , & connoiffent de quelle forte l'Ouvrier s'en eft fervi pour rendre fon Ouvrage accompli

Le fujet du Tableau dont je veux parler a efté pris de cét endroit de l'Hiftoire , où Alexandre , accompagné feulement d'Epheftion, va vifiter la mere & la femme de Darius , aprés cette grande & memorable journée, où ces Reines & toute la maifon Royale demeurerent prifonniéres entre les mains du Vainqueur.

Le Peintre ne pouvoit expofer aux yeux du plus grand Roy du monde, vne action plus celebre & plus fignalée, puifque l'hiftoire la rapporte comme vne des plus glorieufes qu'Alexandre ait jamais faites, à caufe de la clemence & de la moderation que ce Prince fit paroiſtre en cette rencontre ; car en ſe ſurmontant ſoy-meſme, il ſurmonta, non pas des peuples barbares, mais le Vainqueur de toutes les Nations.

Comme la diſpoſition d'vn Tableau eſt la partie que l'on doit conſidérer la premiére ; je diray qu'Alexandre eſtant le Heros, la Figure qui le repreſente, eſt la principale de l'Ouvrage, & celle qui paroiſt le plus ; & quoy qu'Epheſtion ſoit veſtu & armé de la meſme ſorte qu'Alexandre, néanmoins il y a de la difference dans la matiére, dans les ornemens, & dans la richeſſe de leurs veſtemens & de leurs armes. Le caſque d'Alexandre eſt d'or, & ombragé de grandes plumes incarnates ; ſa cuiraſſe eſt d'argent enrichie de groteſques d'or ; ſon manteau eſt de couleur incarnate rehauſſé d'or , & attaché ſur l'épaule avec vne agraffe de diamant, faite de la meſme ſorte que celles dont ſe ſervoient les anciens Grecs & Romains.

Mais quant à Epheſtion , ſon caſque & la creſte qui en fait l'ornement , ſont d'vne ſemblable matiére que le caſque d'Alexandre. Sa cuiraſſe paroiſt d'vn acier fort poli , orné de feuïllages d'or. Son manteau eſt d'écarlate , attaché pareillement ſur l'épaule avec vne agraffe, où eſt enchaſſé vne Agathe qui repreſente l'image d'Alexandre : ce qui eſtoit alors vne marque de la naiſſance illuſtre de ceux qui portoient cét ornement.

L'induſtrie de l'Ouvrier eſt admirable, en ce que voulant peindre cette entreveuë d'Alexandre & des Reines, il a choiſi le moment où Syſigambis, qui s'eſtoit mépriſe en s'adreſſant à Epheſtion, ſe jette aux pieds d'Alexandre, & luy en demande pardon : Car il repreſente ce moment-là d'vne maniére ſi ſçavante, qu'il fait paroiſtre dans ſon Tableau vne infinité de belles expreſſions, qui le rendent incomparable.

Alexandre tend vne main à cette Princeſſe pour la relever, & de l'autre il tient Epheſtion par le bras, & ſemble dire à Syſigambis qu'elle ne s'eſt point trompée, parce qu'Epheſtion eſt vn autre Alexandre.

Et comme à l'arrivée du Roy, la Mere & la Femme de Darius, les Princeſſes leurs filles, & toute leur ſuite, ſortirent de leur tente pour aller au devant de ce Monarque ; on voit paroiſtre toute cette Cour ſous vn pavillon, qui ſert comme de veſtibule & de corps-de-garde à l'appartement de ces Dames : ce qui ſe remarque à vn bouclier qui eſt attaché dans

ce pavillon, & que le Peintre y a
reprefenté à deffein.

La Reine, Femme de Darius,
eft à genoux derriére Syfigambis.
Elle porte vne thiare fur fa tefte à
la mode des Reines de Perfe. Son
manteau eft de pourpre bordé
d'écarlate. Elle tient fon fils, &
derriére elle font les Princeffes
Statira, & fa jeune Sœur.

Statira eft veftuë d'vne robbe
blanche, & d'vn manteau bleu
pafle rehauffé d'or. Pour fa Ca-
dette, fa robe eft d'vne étoffe
changeante, & fon manteau d'vn
incarnat fort vif.

On voit à la fuite de ces Princeffes leur Gouvernante, des
Preftres, des Eunuques, des Mo-
res, & plufieurs femmes, tous ve-
ftus d'vne maniére differente : Ce
font les Officiers & les Dames de
la maifon Royale.

Il me femble, Sire, que pour
confirmer à tout le monde l'efti-

me qu'on doit faire de ce Tableau, il suffiroit de dire que toutes ces Figures sont parfaitement dispo-sées, & qu'elles sont achevées en toutes leurs parties, soit pour ce qui est du dessein, soit pour ce qui regarde le coloris.

Mais puis que j'entreprens de faire la Description de cette ad-mirable Peinture, je croy que V. M. ne seroit pas satisfaite d'vn recit si général. Comme Elle connoist toutes les choses qui servent à per-fectionner vn ouvrage, Elle trouve-roit sans doute à redire si je ne m'é-tendois pas davantage sur tout ce qu'il y a d'excellent dans celui-cy : Néanmoins j'avouë, qu'ayant à en rendre compte à vn si grand Prince, & à vn Prince si éclai-ré, j'ay peine à trouver des ter-mes assez propres pour en bien décrire la beauté ; & je crains de gaster par la foiblesse de mes pa-roles, ces nobles expressions que

le Peintre a si dignement repre-
sentées par la force de son genie.

Cependant c'est cette beauté,
& ce sont ces expressions que je
prétens de remarquer plus particuliérement, en faisant voir combien de passions differentes paroissent sur les visages, & dans
les mouvemens de toutes les Figures qui remplissent ce Tableau :
Car si les Anciens ont donné tant
de loüange à cette Peinture, où
Euphranor avoit si bien peint Alexandre sous la figure de Pâris,
qu'on voyoit sur son visage l'équité, l'amour & la vaillance, &
qu'il paroissoit tout ensemble Juge des trois Déesses, amoureux
d'Helene, & vainqueur d'Achile ;
on ne pourra pas avoir moins
d'estime pour cét Ouvrage, où
l'on remarque tant de diverses expressions dans vne mesme Figure.

Le Peintre ne s'est pas conten-
té de representer sur le visage d'A-

lexandre ſa jeuneſſe , la douceur de ſon temperament , ſa valeur , & toutes les autres qualitez que l'hiſtoire nous apprend de ce grand Prince , & dont il fait vne fidele image , mais on voit encore dans ſes mouvemens quatre ſortes d'actions differentes. La compaſſion qu'il a des Princeſſes paroiſt viſiblement, & par ſes regards, & par ſa contenance. Sa main ouverte montre ſa clemence , & exprime parfaitement la grace qu'il fait à toute cette Cour. Son autre main, qu'il appuie ſur Epheſtion, dit aſſez qu'il eſt ſon Favori , ou plûtoſt vn autre luy-meſme ; & ſa jambe gauche qu'il retire en arriére , eſt vne marque de la civilité qu'il rend à ces Princeſſes. Le Peintre ne l'a pas fait incliner davantage , parce qu'il le repreſente dans le moment qu'il aborde ces Dames ; que ce n'eſtoit pas l'vſage des Grecs ; & de plus , qu'il ne pouvoit pas fe baiſſer beaucoup, à cauſe que dans le dernier combat il avoit eſté bleſſé à la cuiſſe.

Pour Epheſtion, il paroiſt tout ſurpris, non ſeulement de ce que Syſigambis s'eſtoit mépriſe, & de ce qu'Alexandre venoit de dire ſi obligeamment en ſa faveur; mais auſſi de la beauté des Princeſſes, ſur leſquelles on voit qu'il attache fixement ſes yeux. Il eſt de plus grande taille, & plus droit qu'Alexandre; & néanmoins cès deux Figures ſont ſi bien traitées, & celle d'Alexandre diſpoſée d'vne maniére ſi noble & ſi agréable, qu'on voit bien qu'elle repreſente ce Roy, & qu'elle eſt la plus conſidérable de toutes.

C'eſt en quoy on connoiſt qu'vn Ouvrier eſt excellent, quand il ſçait ſi bien diſpoſer ſon ſujet; qu'au lieu de faire paroiſtre les défauts naturels de la perſonne qu'il peint, il les déguiſe adroitement, fans rien diminuer toutefois de la veritable reſſemblance. On remarque des plus fameux Peintres & Sculpteurs de l'antiquité, qu'ils repreſentoient toûjours Periclés avec vn caſque, à cauſe qu'il avoit la teſte malfaite. Et quand Appellés faiſoit le portrait d'Antigone, il le peignoit de profil, pour cacher le défaut de ce Prince qui n'avoit qu'vn œil.

C'eſt pourquoy comme Alexandre panchoit naturellement la teſte, nous le voyons icy peint d'vne maniére ſi adroite, que cette action que le Peintre a imitée, non ſeulement ne paroiſt pas vn defaut, mais au contraire, il ſemble que ce ſeroit vn défaut à la Figure qui le repreſente, ſi cette action n'y eſtoit pas, puiſqu'elle y donne & beaucoup plus de grace, & beaucoup plus d'expreſſion.

La triſteſſe, le reſpect, & l'humilité ne peuvent eſtre mieux ex-

primées qu'elles le font en la per-
fonnne de Syfigambis. Cette Reine eft aux pieds d'Alexandre , où
elle fait elle feule la foumiffion
pour toute fa famille. Elle a les
yeux baiffez en terre, pour montrer qu'elle ne fait aucune refle-
xion fur fa fortune paffée ; fes vê-
temens mefme fi negligemment
étendus, témoignent fon abbaiffe-
ment. Cependant, quoy qu'humi-
liée & fort foumife , on ne laiffe
pas de remarquer en elle beaucoup
de grandeur & de majefté.

Mais c'eft dans la Femme de
Darius que la douleur eft admirablement dépeinte. On voit dans
fes yeux & fur tout fon vifage , le
fenfible déplaifir qu'elle réçoit de
la condition où elle fe voit redui-
te. Toutefois comme elle eft belle & jeune, elle conferve parmi
tant de trifteffe & de déplaifirs ,
vne bienfeance & vne majefté di-
gne d'vne grande Reine ; & mef-

me l'on d'écouvre dans ſes yeux
& dans tous les traits de ſon viſage, l'eſperance qu'elle a dans la
clemence d'vn Vainqueur ſi gene-
reux : Car quoy qu'on voie bien
par le ſigne qu'elle fait de la main
gauche, qu'elle veut excuſer Syſigambis de ce qu'elle s'étoit mépriſe ; on connoiſt bien auſſi qu'en
regardant Alexandre de la manie-
re qu'elle fait, elle tâche encore
par ſes regards qui ſont les inter-
pretes de ſa douleur, de rendre
l'ame de ce Prince capable de compaſſion. Elle tient ſon Fils, qu'elle
ne preſente pas pourtant au Roy,
croyant cette action indigne & du
Fils & de la Femme de Darius ;
mais c'eſt la Nourrice de ce jeune Prince qui le met entre les
bras de la Reine ſa Mere, & qui
ſemble en regardant Alexandre le
coujurer d'en avoir pitié. On voit
que ce jeune enfant, dans l'inno-
cence de ſon âge, tend les bras à

ce

ce Monarque, & veut le careſſer,
comme s'il luy demandoit ſon amitié. C'eſt ce qui fit dire à Alexandre, en parlant à Epheſtion, qu'il
eût ſouhaité de bon cœur que Darius eût eû quelque choſe du naturel de cét enfant. Auſſi l'on peut
remarquer dans cette Peinture,
que ny la nouveauté de l'action,
ny la mine & les armes d'Alexandre, ny ſon viſage que ce petit
Prince n'avoit jamais veû, ne l'é-
tonnent point; au contraire, en
voulant ſe jetter à ſon col, il ſemble encore qu'il luy preſente ſa
Nourice qu'il tient par ſa coiffeure; action aſſez naturelle aux
jeunes enfans, qui n'abandonnent
qu'avec peine les perſonnes qui
ſont d'ordinaire auprés d'eux, &
veulent qu'elles ayent part à tout
ce qu'ils ſont.

Pour Statira c'eſt vne Princeſſe
qui verſe des larmes, & qui s'a-
bandonne à la douleur. On voit

C

néanmoins qu'elle fait ce qu'elle peut pour se retenir, & pour cacher vne partie de son affliction; & mesme que voulant étouffer ses sanglots & ses soûpirs, son col & sa gorge en paroissent enflez. Elle tient ses yeux à demy fermez, comme si elle tâchoit de se dérober aux regards de ce Vainqueur, & cacher à elle mesme l'estat déplorable où elle se trouvoit : Car quels autres sentimens pouvoit avoir alors vne aussi grande beauté, & vn courage aussi royal, se voyant dans vn estat de captive & de suppliante ? C'est cét estat infortuné qui fait que cette Princesse paroist negligée dans ses habits & dans sa coiffeure, dont les cheveux tressez & flottans le long de son col, n'empeschent pas qu'on ne voie la beauté de sa gorge. Cette pudeur si bienseante à celles de son sexe, & que les Anciens appelloient le vermillon

de la vertu , eſt admirablement
peinte ſur ſon viſage ; & ſon teint
ſi blanc & ſi délicat , auſſi bien
que ſes cheveux blonds & déliez,
font voir la douceur de ſon tem-
pérament , qui paroiſt encore dans
toutes ſes actions.

Quant à ſa jeune Sœur , il y a
cent choſes à conſiderer en elle.
La douleur , la crainte , & l'admiration font de differens effets
ſur ſon viſage : car la douleur paroiſt dans ſes yeux encore tous
mouïllez de larmes ; ſes ſourcils
avancez marquent ſa crainte ; &
ſa bouche vn peu ouverte & re-
tirée fait voir ſon admiration. Son
coloris & ſes mouvemens font
bien connoiſtre qu'elle eſt d'vn
naturel plus promt & plus vif
que Statira ; car elle eſt vn peu
brune , & haute en couleur ; ſes
cheveux ſont noirs , & friſez ; &
par ſa contenance , & par la diſpoſition de ſon corps , on juge de

C ij

l'activité de son esprit, & de l'incertitude de ses pensées. Elle veut joindre les mains, & ne les joint pas : Elle courbe son corps, & hausse sa teste ; Elle a vn genouïl à terre, & l'autre levé. Il y a mesme dans ses habits vn pareil desordre, qui montre bien qu'elle n'est pas accoûtumée à ces sortes de devoirs ; & que son esprit est si agité, que voulant faire ponctuellement ce que sa Gouvernante luy dit, elle ne sçait pas mesme ce qu'elle fait.

Car derriére elle paroist cette Gouvernante, qui d'vne main luy montre Sysigambis prosternée aux pieds d'Alexandre, & de l'autre main luy fait voir qu'elle doit comme cette Reine, s'humilier devant ce Conquerant. La Gouvernante ne la touche que du bout du doigt ; ce qui marque le respect qu'elle luy porte. Les traits qui forment le visage de cette Dame, repreſentent bien vne Dame de condition, & telle que ſont ordinairement celles qui ont la conduite des Enfans des Rois.

Ce qu'il y a encore de conſidérable dans ce Tableau, ſont les differens mouvemens de tant de perſonnes qui accompagnent ces Princeſſes, & qui regardent Alexandre toutes diverſement, & chacun ſelon la portée de ſon eſprit.

Il y a proche de la Gouvernante dont j'ay parlé, vne Dame Perſienne, qui paroiſt ſaiſie d'vne forte crainte, & d'vne extrême appréhenſion. Et comme la peur fait que le ſang ſe retire autour du cœur pour le conſerver, parce qu'il eſt la partie du corps la plus noble, & qu'ainſi les autres membres s'en trouvent dépourveûs; on voit que cette Femme a le viſage extrêmement pâle;

C iij

que fes levres font fans couleur ;
fes yeux enfoncez & obfcurs ; fes
fourcils abbatus & retirez ; elle
hauffe les épaules , & joint les
mains.

On voit affez prés de cette
Femme vn Perfan qui fe profter-
ne contre terre , & qui felon l'v-
fage de fon païs , donne par cette action des témoignages de fa
foumiffion & de fon obeïffance :
Car la confternation eftoit fi
grande parmi ceux de cette Cour ,
que n'ayant ouï parler que de la
valeur & des grandes actions d'A-
lexandre , ils ne connoiffoient pas
encore ny fa clemence ny fa ge-
nérofité.

Cét homme à demi nud , qui
avance fon bras au deffus des
Princeffes , eft vn de ces Eunuques de la fuite des Reines , qui
fait connoiftre à Syfigambis qu'elle s'eft méprife ; & fon action exprime admirablement ce qu'il veut

faire entendre. L'eſtat où il eſt à
demy nud pourroit eſtre vne de
ces licences permiſes aux Peintres,
pour faire voir la connoiſſance
qu'ils ont des muſcles & des nerfs,
& pour repreſenter ce qu'il y a de
plus difficile dans la figure du corps
de l'homme, & de plus ſçavant
dans l'art de la Peinture. Mais on
ne voit point de licence dans tout
cét Ouvrage; il tire ſa beauté de la
verité meſme du ſujet qu'il repreſente; & l'on n'y peut rien trouver à redire, puiſque la coûtume
de ces Peuples eſtoit de quitter
leurs habits, & de déchirer leurs
veſtemens, lors qu'ils ſe trou-
voient dans le deuïl & dans l'affliction. Et comme ces gens - là
eſtoient dans vne profonde triſteſſe, non ſeulement pour la captivité où ils ſe voioient, mais
encore par la penſée qu'ils avoient
que Darius eſtoit mort; il ne faut
pas s'étonner ſi cét Eunuque pa-

roiſt reſſentir plus particuliérement le coup d'vne ſi mauvaiſe
fortune , puiſque les Eunuques
eſtant des Officiers conſidérables
.chez les Rois de Perſe , ils parti-
cipoient plus que perſonne à la
diſgrace de Darius.

Cette Cour eſtant compoſée de
divers ſexes , & de Nations diffé-
rentes , il y a derriére l'Eunuque
dont je viens de parler , deux Figures bien contraires dans leurs
expreſſions. L'vne repreſente vn
Eſclave Barbare , & l'autre vne
Femme Grecque ; car on connoiſt
la naiſſance de celle - cy par la
blancheur , & par la vivacité de
ſon coloris. Son action & ſes regards témoignent qu'elle entend
le langage d'Alexandre ; & parce
que dans les lieux éloignez on a
toûjours vne inclination naturelle pour ceux de ſon païs , on remarque fort bien qu'elle a vne
ſecrette joye de voir ce Prince.

Cét Esclave qui est devant elle n'est pas dans vn pareil estat ; au contraire, ne concevant rien de ce que dit le Roy, il semble en estre en peine, & s'en infor-mer à cette Femme Grecque. Et parce que cette sorte de gens tels que ce Barbare est representé, ont ordinairement l'ame vile & basse, ils craignent toutes choses ; & n'estant pas capables de senti-mens genéreux, ils font des au-tres vn pareil jugement. C'est pourquoy on voit cette crainte basse & poltronne, admirable-ment peinte en la personne de cét Esclave, qui n'ose pas atten-dre du Victorieux vn traitement favorable. Quant à la Femme Grecque, n'ayant pas vne sem-blable apprehension, elle écoute & regarde Alexandre avec plaisir ; & au lieu de répondre à ce Barbare, elle luy marque du doigt qu'il ait à se taire, & à ne la pas interrompre

C v

Derriére cette Grecque paroiſt vn Preſtre Egyptien paré de ſa coiffeure, & de ſes habits Sacerdotaux, lequel ayant peine à voir Alexandre, à cauſe de ceux qui ſont devant luy, leve la teſte, & ſemble ſe hauſſer ſur le bout des pieds pour le mieux conſiderer. Comme ces Preſtres eſtoient ſçavans dans les Langues, on connoiſt bien que celui-cy entend ce que dit Alexandre, & qu'il le regarde d'vne maniére toute particuliére.

Il y a auprés de ce Preſtre vne Femme Egyptienne, qui n'a pas vne moindre application pour les choſes qu'elle voit. Ses ſourcils levez, ſes yeux, ſa bouche, & ſes mains ouvertes font voir la force de ſon attention, & comme quoy n'entendant pas la Langue Grecque, elle tâche de comprendre quelque choſe en ce qui ſe paſſe.

Au deſſous d'elle eſt vne Femme More, qui ne pouvant rien voir du lieu où elle eſt, ſemble parler à l'Egyptienne : mais celle-cy eſt trop occupée pour répondre à l'autre.

On voit encore plus avant ſous la tente qui ſert de veſtibule, quelques Figures, entre autres celle d'vn Soldat More qui eſt tout effrayé, parce qu'il ne voit rien de ce qui ſe fait.

Cette Femme qui eſt aux pieds d'Epheſtion, paroiſt toute ſurpriſe & de l'arrivée des Princes, & de ce que Syſigambis s'eſtoit mépriſe, en prenant Epheſtion pour le Roy. Enfin tontes les ſortes de paſſions dont l'on peut eſtre touché dans vne pareille occaſion, ſont parfaitement exprimées, non ſeulement ſur le viſage de toutes ces Figures, mais encore dans tous leurs mouvemens. Et ce ſont ces differentes

C vj

actions, & cette varieté d'expreſſions qui engendrent ce beau con-
traſte, que l'on doit admirer dans
ce Tableau.

Car comme il y a dans tous
les hommes deux ſortes de mouvemens, celuy de l'ame & celuy
du corps, & que d'ordinaire le
mouvement du corps ſuit le mouvement de l'ame; c'eſt où l'on
connoiſt qu'vn Peintre eſt ſçavant dans ce qui regarde les paſſions, quand il ſçait marquer par-
faitemement ces differens cara-
ctéres.

L'Ecole de Florence prenoit vn
ſoin ſi particulier de repreſenter
dans ſes Tableaux vne diverſité
de mouvemens, qu'elle ne pouvoit ſouffrir de Figures dont les
attitudes ne fuſſent entiérement
oppoſées; en ſorte que quand
vne jambe ou vn bras avançoient,
elle vouloit que l'autre bras ou
l'autre jambe ſe retiraſſent en ar-

riére. Mais à dire vray , c'eſt en cette trop grande affectation que ceux de cette Ecole ont beaucoup peché ; car en penſant faire paroiſtre leurs Figures plus animées & plus agiſſantes, ils ont fait en pluſieurs endroits mille poſtures extravagantes , n'ayant pas eû aſſez de diſcretion pour conſerver ce qui eſtoit neceſſaire & bienſeant.

L'Ecole de Rome a eſté plus judicieuſe , ayant donné à ſes Figures des mouvemens naturels, & convenables aux divers ſujets qu'elle a entrepris de repreſenter. Et c'eſt auſſi dans l'Ouvrage dont je parle que paroiſt vn rare exemple d'vne ſi belle conduite.

Car on y peut remarquer qu'Alexandre venant pour raſſûrer la famille de Darius qui eſtoit dans la crainte & dans le deſordre, il y a dans toutes les actions de ce Prince & dans celles d'Epheſtion, vn certain calme, & vne tranquillité qui ne témoignent que du repos & de la douceur. Et dans la Cour de Reines on voit vne émotion & vne diverſité de mou-vemens , qui montrent l'étonne-ment , la crainte , la douleur , & toutes les autres paſſions dont ces perſonnes ſont émeuës.

Cependant vne ſi grande varie-té de choſes n'empeſche en au-cune façon l'vnité du ſujet ; mais au contraire toutes ces diverſes expreſſions , & tous ces differens mouvemens contribuent à repre-ſenter vne ſeule action , comme ſi c'eſtoit autant de lignes qui ſe joigniſſent à leur centre ; n'y ayant rien dans toutes ces Figures qui ne ſoit neceſſaire , ny qu'on puiſ-ſe retrancher comme ſuperflu ou inutile.

Mais ſi l'vnité de l'action eſt obſervée avec tant de ſcience & de jugement , l'vnité de la lumie-re & l'vnité des couleurs ne ſont

pas traitées avec moins d'art &
de beauté. Et ces choses-là me-
ritent d'autant plus d'estre con-
siderées, qu'elles sont les moins
faciles à representer, & celles
qui plaisent davantage à la veuë.
Aussi V. M. sçait bien l'estime
que l'on a pour les Tableaux où
l'on remarque vne belle vnion de
couleurs, & combien l'on se ré-
crie quand on voit que la lumiere
& les ombres y trompent agréablement les yeux. C'est ce qui
fit dire à V. M. en regardant cét
Ouvrage, lors qu'on le porta
dans son Cabinet des Peintures,
qu'il conservoit au milieu de tant
de rares Tableaux, vn éclat &
vne force que rien n'estoit capable d'effacer.

Et certes ce n'est pas sans raison que l'on a tant d'admiration
pour cette partie de la Peinture :
Car quoy que la Nature, qui est
la maîtresse de tous les Peintres,

leur apprenne tous les jours comment la lumiere se répand, ainsi
qu'vne liqueur, sur tous les corps
qu'elle éclaire ; néanmoins quand
ce vient à l'exécution, ils rencontrent tant de difficultez à bien
imiter la Nature, que les meil-
leurs d'entre eux n'y réussissent
pas toûjours.

Cependant on voit dans le Tableau dont je traite, que toutes
ces difficultez ont esté surmon-
tées, & que l'Art y égale la Nature. Car la Figure qui represente Alexandre estant la principale
de toutes, elle est placée dans vn
endroit où la lumiere éclaire avec
plus de force ; & quant aux autres Figures, elles sont disposées
de telle sorte, que le jour venant à se répandre davantage sur
les plus dignes, il se communique en suite sur les autres à me-
sure qu'elles sont plus ou moins
éloignées.

Mais ce qui merite principalement d'eftre confideré, eft que
cette lumiere s'étend avec tendreſſe & amour ſur les carnations ;
qu'elle ſe porte & ſe reflléchit
avec grace & vivacité ſur les
veſtemens ; & qu'elle frappe avec
force & avec éclat ſur les ar-
meures & ſur les ornemens ,
parce qu'ils ſont d'vne matiere
plus ſolide , & que la lumiere
fait toûjours des effets differens ,
non ſeulement ſur les differentes
matieres , mais encore ſur les
differentes figures , comme ſont
les ſuperficies plates, les conve-
xes, & les concaves.

Quant à ce qui regarde l'vnité
des couleurs, c'eſt vne choſe admirable de voir comment en cela le Peintre s'eſt ſervi de moyens
tout - à - fait rares & merveilleux.
Car tout ainſi que dans ce Tableau il y a vn point de lumiere
où eſt toute la force du jour , qui

se répand en suite sur tout le reste ; de mesme il y a vne couleur
principale, plus vive & plus forte dans vn endroit particulier,
qui se communique aprés à toutes
les autres parties. Et comme l'vnité d'action vient de ce que tous les
mouvemens , quoy que differens
entre eux , ont rapport à vn seul
sujet ; de mesme toutes les couleurs , quoy que differentes, & de
plusieurs natures , sons si bien disposées les vnes auprés des autres,
qu'elles ont vne convenance avec
la principale & la plus vive, qui
est comme la maistresse.

Car si l'on examine le choix
qu'il en a fait dans les vestemens
de ses Figures, on pourra juger
qu'il n'a point travaillé au hazard , ny conduit son Ouvrage
aveuglément , & par vne simple
pratique ; mais qu'il connoist parfaitement les raisons de son Art,
qu'il s'en est fait des regles in-

faillibles, qui donnent à ſes Tableaux cette beauté & cette excellence qui les rendent ſi re-
commandables.

Il ſçait qu'il y a dans les couleurs des lumieres imparfaites ,
& que toutes les couleurs ne ſont
differentes les vnes des autres
que par le plus ou le moins de
lumiere que chacunes d'elles poſ-
ſedent. Que comme le blanc
épand davantage la veuë , & que
le noir la reſſerre ; de meſme
toutes les autres couleurs font à
l'œil des effets differens , ſelon
qu'elles ont vne plus grande ou
moindre portion de lumiere. Ainſi ce que les autres Peintres ap-
pellent l'amitié des couleurs, n'eſt
autre choſe qu'vn juſte rapport
des parties égales ou inégales que
nos yeux rencontrent, quand ils
paſſent d'vne couleur à vne autre. Et ce qu'ils nomment Antipathie, eſt la diſproportion qu'il

y a entre deux couleurs qui ont
vne portion de lumiere si differente & si inégale, qu'il s'en fait
comme vne dissonance tres-desa-
gréable , & pareille à celle des
tons faux, qui provient de ce que
les nombres sont irreguliers. Car
de mesme que dans la Musique
l'accord des sons ou des voix en-
gendre cette belle harmonie qui
fait le plaisir des oreilles ; aussi
l'accord qui se trouve entre les
couleurs, produit cette autre harmonie muette, dont les yeux sont
si agréablement charmez.

Or le Peintre a si bien connu
le rapport qu'il y a des couleurs
les vnes aux autres, l'ordre qu'elles gardent naturellement entre
elles, leur force & leur foiblesse,
la dimunition de leurs teintes ,
& demy teintes , qu'il en fait vn
concert merveilleux.

Et comme sur vn instrument de
Musique l'on met en vnison les

cordes qui font de differentes
groffeurs ; il a auffi trouvé cét
art fi excellent d'vnir enfemble
les couleurs qui font de force
inégale. Car en les rompant ou
mêlant les vnes avec les autres,
il fait en forte que n'eftant plus
entieres ny pures, il fe trouve
qu'vn verd rompu de rouge s'ac-
corde avec vn bleu rompu de
blanc, parce que le bleu pur qui
feroit en diffonance avec vn verd
pur, à caufe de l'inégale quantité de lumiere que chacune de ces
couleurs poffede, fe trouve comme en vnifon (fi j'ofe me fervir
de ce terme) par le moyen du
blanc & du rouge, qui modifient
les deux autres couleurs, & les
mettent dans vn certain degré de
force qui caufe leur vnion. Et
mefme pour paffer encore plus
doucement d'vne couleur à vne
autre, il fe fert des reflais de
toutes les couleurs qui communi-

quent leurs lumieres les vnes aux autres.

Ceux qui ont écrit de l'excellence des Peintures anciennes, ont parlé de la conduite des couleurs comme d'vne chofe rare & tout-à-fait recommandable. Mais pour bien juger de cette belle conduite, & de l'effet des couleurs, il ne faut que confiderer comment elles font fi judicieufement placées dans ce Tableau, que l'œil paffe infenfiblement de l'vne à l'autre, fans trouver rien qui l'offenfe par trop de difproportion ou de dureré.

Car comme Epheftion eft la premiere Figure dans l'ordonnance de cét Ouvrage qui reçoit le jour à plain, & fans aucun reflais des autres corps, fon manteau eft d'vn rouge d'écarlate, qui ne participe en aucune façon des couleurs voifines.

Quant au manteau d'Alexandre, il eſt fait de laque, rehauſſé de jaune, non ſeulement pour
repreſenter vn manteau de pourpre tiſſu d'or, qui eſt vne étoffe
convenable à la qualité de Roy,
mais auſſi pour s'vnir, & à la
couleur d'écarlate dont Epheſtion
eſt veſtu, & au manteau de la
Reine Femme de Darius, qui eſt
d'vne autre couleur de pourpre
plus violete ; car les anciens en
avoient de pluſieurs façons ; & la
plus précieuſe eſtoit celle dont
les étoffes eſtoient teintes aprés
qu'elles avoient receû vne premiere couleur dans la graine d'é-
carlate.

Ce manteau de la Reyne, qui
eſt, comme j'ay dit, d'vne pourpre plus violete, & dont les
rehauts tirent ſur le bleu, s'ac-
corde parfaitement bien avec
l'habit de la Nourice, qui eſt
d'vn bleu ſale, & avec le man-

teau de Statira, qui eſt d'vn bleu
paſle rehauſſé d'or.

Et comme j'ay remarqué qu'il
y a vne principale couleur plus
vive & plus pure, qui eſt cette
couleur rouge dont Epheſtion eſt
veſtu, on voit qu'elle ſe communique inſenſiblement à toutes les
autres draperies, & meſme elle
ſemble renaiſtre, pour ainſi dire,
dans le manteau de la plus jeune
des Filles de Darius, pour ſe joindre avec plus d'éclat aux habits
de ce Perſan, qui a le viſage
contre terre.

La Gouvernante eſt veſtuë d'vne
étoffe changeante de verd & de
rouge; & ces deux couleurs conviennent admirablement, non
ſeulement avec l'habit du Perſan,
& la robbe verte de cette autre
Femme qui eſt derriere la Gouvernante; mais encore avec les
veſtemens de la jeune Princeſſe,
dont la robbe participe de toutes

les

les couleurs qui font autour d'elle , tant à caufe qu'elle eft d'vne
étoffe changeante , qu'à caufe des
reflais des autres couleurs.

Le manteau de Syfigambis eftant
de drap d'or , domine avec grace
& majefté fur tous les autres vê-
temens , & s'vnit avec les ornemens & les étoffes qui font relevées d'or; & c'eft cette belle conduite de couleurs , & cette judi-
cieufe diminution des teintes qui
produifent cette force , cette douceur , & cette grace qui rend ce Tableau fi agréable à tout le monde.

Anciennement ceux qui reprefentoient la Comedie avoient de
coûtume de couvrir l'Orcheftre
avec de la laine , afin d'émouffer
par cét artifice la voix du Chœur
qui chantoit fur le Theatre. Et
Alexandre ayant fait baftir dans
la ville de Pella vn lieu pour la
Comedie, & voulant, pour le rendre plus beau & plus riche, que

le devant de la Scene du Theatre fuſt d'vn bronze bien poli, l'Architecte l'en empeſcha, luy remontrant que la voix des Comediens paroiſtroit moins belle & moins douce à l'oreille, parce que venant à frapper contre cette matiére dure & polie, elle ſe rendroit trop éclatante.

Il en eſt de meſme dans la Peinture, où la trop grande vivacité offenſe la veuë. C'eſt pourquoy Appelles, cét excellent Peintre, ſe ſervoit d'vn vernix dont il couvroit ſes ouvrages, pour diminuer la force des couleurs. Et l'on peut conſiderer dans ce Tableau de quelle maniére le Peintre les a éteintes, & leur a oſté de leur éclat & de leur vivacité naturelle, afin de les affoiblir, & d'empeſcher qu'elles n'offenſent la veuë par vne trop vive lumiére.

Mais, SIRE, je craindrois d'eſtre trop ennuïeux à V. M. ſi je m'ar-

reſtois davantage à remarquer tout
ce qu'il y a de conſiderable dans
cét Ouvrage. Je prendray ſeulement la liberté de luy dire encore, que pour le deſſein, qui eſt
le fondement de la Peinture, il
eſt traité avec tout l'art & toute
la grace qu'on ſçauroit deſirer,
non ſeulement dans tous les corps
en général, mais meſme dans les
moindres parties qui compoſent
ce Tableau. Car la beauté du
peindre, & le noyement des couleurs n'empeſche pas qu'on ne découvre aiſément de quelle ſorte
les contours de toutes les Figures
ſont marquez, & les traits pro-
noncez (V. M. me permettra d'v-
ſer de ce mot) avec tant de force, tant de netteté, tant d'eſprit
& tant de grace, qu'on ne peut
rien voir de plus correct, ny de
plus achevé.

Et parce qu'il y a deux ſouve-
raines qualitez dans ce Tableau,

l'vne , la force & l'expreſſion du Deſſein ; l'autre , la beauté & l'artifice du Coloris ; il faut avoüer que s'il eſt recommandable parmy les Sçavans par la grandeur du deſſein , il n'eſt pas moins merveilleux ny moins agréable à tout le monde par la beauté des couleurs. Car elles ſont ſi admirables dans tous les ſujets , ſoit dans les hommes , ſoit dans les femmes , dans le prés , dans le loin , dans les endroits les plus éclairez , dans ceux qui le ſont le moins , que tout y paroiſt vray & naturel. Le clair & l'obſcur ſont traitez avec vne entente ſi belle & ſi ſçavante , qu'il n'y a rien qui n'ait de la rondeur & du relief. Car j'oſe dire à V. M. que ces jours & ces ombres , ces teintes & demy teintes que l'on voit dans la Nature , ſont imitez avec vn artifice ſi merveilleux , que ſi l'on n'eſt pas entiérement trompé en

prenant ces Figures pour de veritables perfonnes, ny auffi furpris
que fi cette action fe paffoit en
effet, c'eft par le défaut des yeux,
& non pas par celuy de l'Ouvrage ; car l'Art eft allé jufques où
il peut aller pour tromper la veuë.
Mais comme il fort des yeux deux
rayons qui cherchent à embraffer
les corps, en les voulant connoiftre,
il ne faut pas s'étonner fi les corps,
qui ne font que peints fur vne fu-
perficie plate, ne font pas à la
veuë vne fenfation égale aux corps
de relief.

Que fi l'Ouvrier n'a pû en cette rencontre furmonter cét obfta-
cle, & faire que l'Art égalaft la
Nature, il a d'ailleurs furmonté la
Nature en ce qui regarde les pro-
portions, la beauté, & la grace.
C'eft ce qui a fait dire à vn An-
cien, en parlant des plus fçavans
Peintres de fon temps, qu'ils faifoient des chofes qui furpaffoient

la Nature , en reprefentant dans leurs Tableaux des beautez plus achevées que celles qu'elle produit.

Car en effet , quel air & quelle bonne mine ce grand Peintre de noftre temps n'a-t-il pas donnée à ces Heros ? Quelle grandeur , quelle nobleffe , & quelle beauté n'a-t-il point reprefentées dans les vifages des Reines & des Princeffes ? Peut-on dire qu'il n'ait pas mefme encheri fur les Hiftoriens qui ont parlé de la Femme de Darius & de fes deux Filles, comme des plus belles perfonnes de l'Orient ? La negligence & la fimplicité de leurs veftemens diminuë-t-elle quelque chofe de la majefté & de la bienfeance ? Au contraire, cette fimplicité de draperies donne du luftre aux carnations ; & il ne doit pas craindre vn reproche pareil à celuy qu'vn fçavant Peintre fit

à vn de ſes diſciples, qui avoit repreſenté Helene riche en habits
& en ornemens , mais pauvre en
beauté , puis qu'il a eû plus de
ſoin de rendre ces Princeſſes con-
ſiderables par la grace & par la
beauté, que par des ornemens &
des parures.

Enfin , l'on voit que ce ſujet
eſt traité avec toute la grandeur,
la majeſté , & la convenance
qu'il merite ; & c'eſt aſſez dire ,
qu'il a eû le bonheur de plaire
à V. M.

Mais vn Pinceau ſi ſçavant ne
doit pas s'arreſter davantage à
honorer les Princes de Grece ; ils
ont eû leurs Appelles & leurs
Zeuxis. Et puis que nous ſommes dans vn ſiecle où la France
fournit des choſes ſi memorables,
& qui feront ſans doute l'admiration des ſiecles à venir ; il faut
qu'il s'occupe à des ſujets plus
nouveaux & plus étendus. Car

comme nous avons le bonheur d'eftre gouvernez par vn Monarque qui efface tout ce que ces anciens Conquerans ont fait de plus fignalé , cét excellent Peintre peut-il mieux employer deformais fes veilles , & faire paroiftre fes riches talens , qu'à reprefenter les hautes actions de V. M. & de tant de vertus qu'elle poffede , nous en faire vne Peinture, qui foit à l'avenir le plus délicieux objet de nos regards ?

Quand il entreprendra de fi dignes Ouvrages , on y verra V. M. comme nous la voyons dans l'Hiftoire , c'eft à dire, qu'Elle paroiftra toûjours admirable & glorieufe. Et ce fidele Peintre marquera avec des traits fi forts & fi hardis voftre Image , qu'on n'aura pas peine à la connoiftre.

Que j'aurois de joye , SIRE, s'il m'eftoit vn jour permis d'eftre l'Interprete de ces merveilleux Tableaux, afin d'avoir au moins la gloire de faire voir à tout le monde avec combien de respect & de passion je suis,

S I R E,

De VOSTRE MAJESTE'

Le tres-humble, tres-obeïssant, & tres-fidele serviteur & sujet, FELIBIEN.

LE
PORTRAIT
DU ROY.

AU ROY.

SIRE,

J'ay pris la hardieſſe d'offrir à
Vôtre Majesté l'Image
de deux grandes Reines aux pieds
d'vn grand Roy : Et quoy que l'o-
riginal de ce Tableau ſoit dans ſon

Cabinet, elle n'a pas laiſſé d'en recevoir favorablement la copie. Cette grace, SIRE, me fait eſperer que vous n'aurez pas moins de bonté pour la Peinture que je vous preſente aujourd'huy, puiſqu'elle eſt beaucoup plus noble & plus excellente que la premiére. Il eſt vray, qu'ayant à parler du plus grand Roy du monde, c'eſt vn ſujet tellement au deſſus de mes forces, qu'on peut accuſer mon entrepriſe de temerité, ſi ce n'eſt que le ſujet meſme ſerve d'excuſe à cettre entrepriſe ; puiſque je ne puis mieux ſatisfaire à mon devoir, qu'en employant toutes mes forces à parler de ces grandes qualitez, que toute la terre admire dans voſtre auguſte perſonne, & qui ſont ſi myſterieuſement peintes dans le Tableau que je veux décrire.

Je ſçay qu'il n'eſtoit permis qu'à Lyſippe & à Appelles de travailler au Portrait d'Alexandre ; mais il n'eſtoit pas défendu à tous les Grecs d'admirer les Ouvrages de ces deux excellens hommes , d'en conſerver l'idée , & de faire ſur leurs originaux des copies qui fuſſent comme autant de glorieux monumens conſacrez à la memoire de ce grand Prince.

Le Ciel , qui a répandu dans V. M. tant de graces & de treſors , & qui ſemble avoir entrepris en la formant de faire vn Chef-d'œuvre de ſon pouvoir , en donnant à la terre vn parfait modele d'vn grand Roy ; le Ciel , dis-je , qui rend viſible en voſtre perſonne vn Monarque accompli , a voulu produire en meſme temps des Ouvriers capables de le dignement repreſenter ; & il a répandu dans l'eſprit de ces ſçavans hommes des lumiéres ſi penetrantes , que l'on voit dans leurs Ouvrages la beauté de leurs conceptions ex-

primée d'vne maniére si rare &
si extraordinaire , que je me sens
doucement forcé de faire vn Portrait du Portrait de V.M. & de le
donner au public , non pas comme vne marque de ma suffisance,
mais comme vn témoignage de
ma passion & de mon respect pour
sa personne sacrée.

Ce fameux Sculpteur qui se pre-
senta autrefois à Alexandre , &
s'offrit de tailler vne montagne
toute entiére pour en former sa
statuë , ne fit pas grande impression
sur l'esprit de ce Prince par vne
proposition si hardie. Il jugea bien
que la pensée & l'exécution d'vne
si penible entreprise estoit plus
avantageuse à Dinocrate , qu'elle
n'eust esté glorieuse au fils de Phi-
lippe. Une masse si rude & si énor-
me n'eust pas bien representé le
visage de ce grand Roy , & vn
colosse si grand & si élevé n'eust
rien donné à connoistre, ny de la

forme de fon corps, ny des qualitez de fon ame. Il fe contenta de
recompenfer par fes bienfaits la
fcience & le zele de l'Ouvrier.
Et comme il vouloit eftre connu
de toute la terre, il prenoit bien
plus de plaifir, quand Apelles travailloit à fon Portrait, & rendoit
cette Image fi femblable à l'original, qu'elle paroiffoit eftre vn autre Alexandre. Car dans le Tableau qu'il fit, où il reprefenta ce
Prince tenant vn foudre à la main,
il le peignit dans vne action fi terrible & fi hardie, que mefme aprés
la mort d'Alexandre, fa Peinture
donnoit encore de l'effroy à ceux
qui la voioient, & faifoit trembler
de peur ceux qui l'avoient craint
pendant fa vie.

Quoy que ces anciens Ouvriers
ayent eû des penfées dignes d'eftre
fuivies, toutefois la Peinture que
l'on a faite de V. M. n'eft point
formée fur les idées de ces grands

Maiſtres de l'antiquité. Il a falu d'autres couleurs & d'autres pinceaux pour la bien repreſenter. Ce que les montagnes ont de plus ſolide & de plus élevé , & ce que la foudre a de plus éclatant & de plus terrible , n'exprimeroit pas aſſez ny la grandeur & la fermeté de voſtre ame, ny les lumiéres & l'activité de voſtre eſprit. Mais voicy comme le Peinte a tâché de faire le Portrait de V. M.

Il a peint ſur vne toile d'vne moyenne grandeur l'Image de V. M. & a renfermé dans vn eſpace fort mediocre le Portrait d'vn Roy , dont le nom remplit toute la terre. Là vous eſtes repreſenté armé de toutes piéces , & monté ſur vn Cheval, qui témoigne par ſon action combien il ſe tient glorieux de vous porter.

Il y a dans l'air & ſur des nuages doux & agréables trois figures de Femmes , qui accompagnent

voftre royale perfonne. Celle qui
paroift la premiére eft veftuë d'vn
habit fimple & modefte. Elle a vne
couronne d'or fur fa tefte, & tient
dans fa main vne corne d'Amalthée, d'où fortent plufieurs piéces
d'or & d'argent, des perles, & des
pierres précieufes. La figure qui
la fuit eft vne autre Femme que
l'on voit de front. Elle tient deux
Trompettes dans fes mains, &
femble fouffler avec violence dans
celle qu'elle tient de la main gauche. La troifiéme de ces Figures
eft derriére l'Image de V. M. Elle
a des ailes au dos. L'air du vifage
mâle & gracieux tout enfemble, &
fa contenance marque quelque
chofe de grand & d'illuftre. Elle
eft affife fur vn nuage, & tient
voftre cafque à la main.

L'on juge affez que ces trois
Figures reprefentent l'Abondan-
ce, la Renommée, & la Victoire.
Et parce que les plus grands Pein-

tres, auſſi bien que les Philoſophes les plus ſçavans, cachent ſouvent leur ſcience, & la hauteur de leurs penſées ſous des formes & des figures myſterieuſes, lors qu'ils traitent des ſujets extraordinaires & relevez. C'eſt auſſi ſous le voile de ces Figures que le Peintre a caché les grandes choſes qu'il a eû deſſein de repreſenter.

Les Anciens avoient accouſtumé de marquer la Royauté par vn Diadéme, ou par vne Couronne, dont ils ceignoient la teſte des Monarques : Mais quoy que ces ornemens fuſſent la marque de leur puiſſance, ils ne repreſentoient pas les qualitez eſſentielles de la Royauté, puiſque beaucoup de Princes qui ont porté vne Couronne, n'ont eſté Rois qu'en apparence. Or comme le Peintre avoit à repreſenter vn Roy veritable, vn Roy, dans le corps & dans l'ame duquel Dieu a verſé liberalement des dons &

des talens extraordinaires, il a falu non feulement qu'il ait trouvé le moyen de bien imiter ce que nous voyons de fi parfait, & de fi accompli dans voftre augufte perfonne, mais qu'il ait auffi formé des traits & des caracteres qui expriment en quelque façon ce qu'il y a de beau & de grand dans voftre ame. Et il n'a pas crû pouvoir mieux figurer fa penfée, qu'en reprefentant V. M. accompagnée de ces trois figures, qui marquent trois chofes tres-effentielles à vn grand Monarque, & qui font auffi tres-particuliéres à voftre perfonne, & qui vous élevent au deffus de tous les Rois.

Il n'a pas voulu peindre V. M. au milieu des armes & des combats, parce que les guerres & les batailles ne font que des moyens pour triompher, & pour joüir du bonheur de la paix. Mais il vous a reprefenté dans cét eftat glo-

rieux & triomphant , où vous paroiſſez aujourd'huy aux yeux de
tout l'Univers , aprés avoir donné
la paix à toute l'Europe. Et il traitte
ſon ſujet avec tant d'art & de ſcience , & diſpoſe ſes Figures d'vne
maniére ſi myſterieuſe & ſi agréable , qu'il n'y a point de partie dans
ce Tableau qui n'exprime quelque
choſe de grand.

Ce Cheval ſi fier & ſi ſuperbe
repreſente cette noble ardeur des
François qui les porte aux actions
les plus relevées. Mais l'on voit
comment par vne moderation ſans
exemple V. M. retient cette ge-
néreuſe paſſion , dans le moment
qu'elle eſt dans ſa force , & que
rien n'eſt capable de luy reſiſter.

La Terre & la Mer que l'on
voit ſous vos pieds ne ſont pas repreſentées pour marquer les bornes de voſtre Empire , mais comme vn champ ouvert à vos conqueſtes , où l'on voit par vn heu-

reux augure, que vous foulez aux pieds les armes des ennemis communs de tous les Princes Chrétiens.

Cette Victoire qui suit V. M. & qui se cache à l'ombre de vos armes, est la mesme Victoire qui vous a toûjours accompagné, & se tient si prés de vous, qu'il paroist assez qu'elle ne veut jamais vous quitter.

Mais aprés luy avoir mis vos armes entre les mains, vous faites voir que vous voulez acquerir vn second honneur, non moins éclatant que le premier, qui est de combler vos Peuples de bonheur, aprés vous estre comblé de gloire.

C'est ce qui est admirablement figuré par cette Femme qui tient la corne d'Amalthée, & qui represente l'Abondance. Elle a vne couronne d'or sur sa teste, pour signifier que c'est vne abondance

toute Royale. Ceux qui reprefentent d'ordinaire l'Abondance reprefentent vne Femme richement
parée d'or & de pierreries , qui
verfe à pleines mains les trefors
dont elle paroift furchargée. Mais
en cette rencontre le Peintre a
traité fa Figure tout d'vne autre
maniére. Car elle eft veftuë fim-
plement , & les richeffes qu'elle
répand fortent d'vne corne qui
reprefente la Force, pour faire voir
que c'eft le propre des grands
Rois, qui ont enrichy leur Eftat
par leur valeur & par leur puiffance, de diftribuer leurs richeffes
à leurs Sujets, à l'exemple du Soleil , qui n'éleve les vapeurs que
pour les convertir en pluïe, & les
répandre enfuite fur toute la terre, afin de la rendre feconde.

Voftre Majefté imite parfaitement ce grand Aftre par fa vigi-
lance & par fes foins continuels
pour fon Eftat , comme il paroift
dans

dans ce Tableau , parce qu'elle tient feulement vn bâton , qui marque fon pouvoir , & la juftice qu'elle garde dans la diftribution de fes bienfaits. Car on apperçoit l'Abondance verfer par vos ordres fes richeffes fur les Villes & fur la campagne ainfi qu'vne douce pluïe. Et quoy que le Peintre ait deffein de marquer par cette pluïe d'or , & par cette Ville qui reprefente Dunkerque , vne auffi grande action qu'a efté celle de V. M. dans l'acquifition d'vne fi importante Place , néantmoins fon intention s'étend bien plus loin ; car il veut faire voir en géneral quel eft le genie de V. M. qui la porte à répandre tant de bienfaits fur fon Royaume , par le foin qu'elle prend elle-mefme de le gouverner.

Parmy les richeffes qui tombent de cette corne d'Abondance, il y a plufieurs piéces d'or & d'argent,

E

pour faire voir avec combien de pureté & d'égalité vous agiſſez dans toutes vos actions , & que vous ne faites rien qu'avec poids, & avec meſure. Ces piéces d'or portent l'Image de V. M. parce que c'eſt de vous que nous recevons tous nos biens , & que le Ciel qui vous a donné aux vœux de la France, vous a donné pour procurer ſa felicité.

Quand les Grecs ſacrifioient au Soleil, ils luy offroient du miel au lieu de vin ; & quand ils repreſentoient ſon Image, ils mettoient en ſa main droite les Graces, & en ſa gauche ſon arc & ſes fléches, pour montrer aux Rois de la terre, dont il eſt l'exemple , que cét Aſtre qui gouverne toutes choſes , les gouverne par la douceur. V. M. en fait de meſme , car Elle laiſſe ſes armes comme inutiles , pendant qu'Elle emploie ſes bienfaits à gagner de nouveaux peu-

ples ; & Elle y travaille avec tant
de plaifir , qu'on remarque dans
cette Peinture la joie fecrette qu'Elle reffent , non pas feulement de
fe rendre par là maiftre des Villes
& des Places les plus fortes, mais
de fe rendre maiftre des cœurs &
des· volontez des hommes. Autrefois la Fille du grand Scipion voulant fe moquer d'vne Dame qui
mettoit toute fa gloire dans fes richeffes , luy montra fes enfans
comme les feuls biens., & les feuls
ornemens qu'elle eftimoit. Et il
femble que V. M. parlant à la Victoire , luy dife, que le plus grand
avantage qu'Elle reçoit du fruit de
fes travaux,eft le plaifir qu'Elle a de
rendre heureux fes Sujets, qu'Elle regarde comme fes enfans.

Quant à la Renommée, qui paroift plus haut dans le Ciel , on
voit qu'elle s'efforce de faire entendre à toute la Terre le nom de
V. M. Elle a déja publié les com-

bats que vous avez donnez, & les victoires que vous avez remportées. Elle a raconté aux Nations les plus éloignées ce que vous avez fait de grand dans tous les lieux où vous avez porté vos armes. La trompette qu'elle tient de la main droite, luy a servi à faire sçavoir toutes ces merveilles ; mais comme si elle l'avoit lassée par le recit de tant d'actions heroïques, elle se sert de l'autre qu'elle tient de la main gauche, pour faire entendre dans toutes les parties du monde, que c'est vous qui avez donné la paix à l'Europe, & qui luy faites goûter vn repos qu'elle avoit perdu depuis tant d'années. C'est avec cette mesme trompette qu'elle apprend aux peuples voisins avec quel amour vous travaillez au bien de vos Sujets, & de quelle sorte vous faites regner l'abondance parmy eux. On voit que cette Figure

tourne fa tefte , pour faire entendre derriére elle avec plus d'éclat
ce qu'elle publie , parce que c'eft
à la pofterité qu'elle veut l'apprendre.

Le Peintre ne reprefente que ces
trois Figures , pour accompagner
V. M. & ces trois Figures font
comme les miniftres fidelles de fa
gloire , qui travailleront fans ceffe
à répandre fes faveurs , à figna-
ler fes victoire & à publier
fes grandes actions par toute la
terre.

Aprés avoir parlé de ces Figures qui accompagnent l'Image de
V. M. il faut enfin que je parle de
cette Image ; & bien que j'aye oc-
cafion de dire icy quantité de chofes qui pourroient enrichir la Peinture que je veux faire , & y donner des graces & des ornemens
qui n'ont pû eftre reprefentez
dans le Tableau dont je fais la
copie ; je n'entreprendray pas

E iij

néamoins d'y toucher ; chacun les connoiſt ; la France en reçoit les avantages , & tout le monde les admire. Je demeureray donc dans les termes que je me ſuis preſcrit, & meſme j'avouë que le Peintre qui a travaillé à faire voir ce qu'il y a de grand & de majeſtueux dans voſtre perſonne, s'eſt tellement ſurpaſſé luy-meſme, que ma plume ne peut imiter les traits de ſon pinceau, & je n'ay point d'expreſſions aſſez fortes pour repreſenter dignement tout ce qu'on admire dans ce rare Ouvrage.

Ce port & cette taille ſi grande, ſi noble, ſi aiſée, & dont les Anciens formoient leurs demy-Dieux , & que nous regardons avec tant de reſpect & d'admiration dans V. M. ſont ſi bien imitez dans ce Portrait , qu'il n'y a perſonne qui ne vous y roconnoiſſe, & reconnoiſſe tel que vous paroiſſez, quand à la teſte de vos Armées vous inſpirez vne nouvelle ardeur dans l'ame de tous ceux qui ont l'honneur de vous ſuivre.

Ce n'eſt pas ſans raiſon que l'on a toûjours regardé la beauté du corps, comme vne marque de celle de l'ame, & que l'on a conſideré que la proportion & la ſymetrie des parties qui forment cette beauté exterieure, eſt comme vn témoignage de l'accord & de l'harmonie interieure qui compoſe la bonté de l'ame. C'eſt ce qui a fait dire, que la beauté du corps n'eſt pas ſeulement ce juſte & convenable arrangement des parties les vnes auprés des autres, mais que c'eſt vne lumiére qui provient de la beauté de l'ame, & qui venant à ſe répandre au dehors, y communique ſes graces, & fait connoiſtre l'excellence de l'homme interieur.

E iiij

Quoy que l'art ait toûjours beaucoup de peine à bien exprimer cette beauté, & cettte grace ſi admirable dans les Ouvrages de la nature ; le Peintre néanmoins a heureuſement réüſſi en cette rencontre, car il a parfaitement peint ſur voſtre viſage cette bonté, cette valeur, & cette majeſté, qui s'y font voir au milieu de tant de force & de douceur. Et il y repreſente comme dans vne glace tres-pure, toutes ces hautes qualitez qui vous font aimer de vos Sujets, craindre de vos ennemis, & admirer de tout le monde.

L'on a autrefois loüé Phidias pour avoir fait vne Image de Jupiter, où il avoit admirablement exprimé la majeſté de ce Dieu; & l'on trouvoit ſon Ouvrage d'autant plus merveilleux, que n'ayant jamais veû cette divinité, il en avoit conceû vne idée ſi haute, qu'il l'avoit parfaitement repre-

fenté comme le Maiſtre des Dieux.
Mais quoy que cét admirable Sculpteur meritaſt vne eſtime toute
particuliere , il luy eſtoit d'autant
plus facile de donner de la grace
& de la grandeur à ſes Figures,qu'il
repreſentoit des Dieux qu'on n'a-
voit point veûs , & qui n'avoient
que ce qu'ils recevoient des mains
des plus illuſtres Artiſans.

Il n'en eſt pas icy de meſme ; car
quoy que le Peintre ſoit riche , &
abondant en belles imaginations ,
il a néanmoins vn ſujet qu'il eſt
obligé d'imiter , mais vn ſujet ſi
excellent , qu'il n'y a point d'ornemens qui le puiſſent enrichir,
ny de traits qui le puiſſent dignement exprimer.

Cependant comme ces ſujets
ſont des productions tout-à-fait
rares, & que l'on regarde comme
des Chef-d'œuvres ; auſſi quand
la Peinture fait quelque choſe qui
en approche , on la doit conſide-

E v

rer comme vne merveille. C'eſt
pourquoy l'on doit admirer ce Tableau, puiſque le Peintre y fait
voir vne verité, & vne grandeur
qui efface tous ſes autres Ouvrages.

Je pourrois m'étendre icy, pour
montrer avec quelle force il a repreſenté tout ce qu'il y a de beau
& de grand dans les traits du viſage de V. M. de quelle façon il a
imité cette vivacité, & cette douceur qui paroiſſent dans vos yeux;
comment il a peint cét air & ce
caractere, qui fait ſi bien connoiſtre que vous eſtes Roy, & vn
grand Roy, c'eſt à dire, l'effroy
de vos ennemis, & l'amour & les
délices de vos Sujets. Je pourrois
figurer tous ces dons exterieurs
que le Ciel a répandus ſur voſtre
perſonne, & qui repreſentent ſi
bien les richeſſes qu'il a verſées
au dedans; mais V. M. ne conte
pour rien ce que tout le monde

confidere en Elle avec admiration ; au contraire, Elle fait fervir tous les jours , & prodigue, s'il faut ainfi dire , vn corps fi précieux , & fi cher à la France, pour affeurer de plus en plus le bonheur & le repos de fes peuples ; & s'il y a quelque chofe, SIRE, que vous recherchiez pour vous-mefme , c'eft l'honneur d'vne veritable gloire.

Ce que je pourrois mieux remarquer font toutes les differentes beautez que l'on voit dans les Figures qui accompagnent l'Image de V. M. Je pourrois parler de leur excellente difpofition , & de quelle forte le Peintre les a embellies de couleurs agréables. Je pourrois faire obferver toutes les graces qu'il y a répanduës ; comment il leur a donné des actions fi belles & fi naturelles, qu'il femble leur avoir infpiré de la vie & du mouvement. Je pourrois enco-

E vj

re montrer avec quelle grandeur, & quelle nobleſſe il repreſente ce Cheval, dont l'action extraordinaire & difficile paroiſt néanmoins ſi vraie, & fait voir ſi parfaitement vn Cheval vigoureux, qu'on diroit qu'il s'emporte, & qu'il reſiſte au mords, & à la main qui le retient. Combien de beautez, & d'expreſſions differentes ne peut-on point remarquer dans toutes les parties qui compoſent ce noble animal, ſoit dans ſes jambes, ſoit dans ſon eſtomac, qui paroiſt enflé de l'effort qu'il fait, ſoit dans ſes yeux pleins de feu, ſoit dans ſes nazeaux ouverts, & d'où il ſemble qu'on voie ſortir le ſouffle ; ſoit dans ſa bouche qui jette vne écume, mais vne écume où la fortune & le hazard n'ont point eû de part, comme autrefois dans ce Tableau que fit Protogene, & dont l'antiquité a tant fait de bruit, mais où la ſcience & l'artifice du Peintre ont reprefenté ce qu'il y a de plus femblable , & de plus vray dans l'action d'vn Cheval jeune , & plein de vigueur, qui fe voit à la tefte d'vne armée, & qui fe fent animé par la main qui le conduit ? La maniére dont il eft difpofé , fait qu'on le voit de tous les coftez , & qu'il n'y a point de membres , dont la proportion & la fymetrie ne fe remarquent aifément.

J'aurois lieu de faire admirer comme quoy les autres Figures font difpofées d'vne maniére fi adroite , que fans perdre rien de leurs graces , elles laiffent cependant au Portrait de V. M. tout l'avantage de la grandeur du deffein , de la vivacité des couleurs, & de la force du jour.

Je pourrois dire encore avec quel jugement le Peintre a traité l'éclat de ces armes , dont il a vétu l'Image de V. M. & comment

il en a ſi bien mênagé les lumiéres , que les carnations de ſes Figures ne perdent rien de leur naturelle beauté.

Mais j'avouë qu'ayant toûjours
les yeux ſur cette Image , j'ay
peine à les en oſter , pour exami-
ner avec plus de ſoin toutes ces
autres parties du Tableau ; & je
trouve tant de reſſemblance dans
ce Portrait , que ſi les Ouvrages
d'Appelles ont donné occaſion de
dire autrefois qu'il y avoit deux
Alexandres; que le fils de Philip-
pes eſtoit l'Invincible , & celuy
d'Appelles l'Inimitable; il y a lieu
de dire aujourd'huy avec plus de
verité , qu'en voſtre Perſonne , &
en voſtre Portrait , nous avons
deux Rois , qui tous deux n'au-
ront jamais rien de comparable.

Ce ne fut pas vn petit avantage
au Peintre Zeuxis , de rencontrer
dans la Grece tant de belles filles,
pour former ſur toutes leurs dif-

ferentes beautez cette Figure fi celebre, dont il fit le parfait modele de la Beauté. Mais combien eft-ce vn plus grand bonheur à cét excellent Peintre d'aujourd'huy, de trouver dans la feule Perfonne de V. M. dequoy faire la Peinture d'vn Roy, qui fera à l'avenir le modele de tous les autres Rois ?

Je ne pourrois entreprendre fans temerité de penetrer plus avant dans les perfections, dont voftre facrée Perfonne eft remplie, & dans ces vertus heroïques que le Peintre avec tout fon art, & toutes fes couleurs ne fçauroit reprefenter : il faut que je me contente de les admirer avec veneration, & de dire que vous pouvez bien, SIRE, gagner des batailles, vous pouvez porter vos armes au-de-là de l'Eufrate, & faire croiftre vos Lys parmy les Cedres du Liban ; vous pouvez

combler vos Peuples de prosperité , mais vous ne sçauriez avoir
jamais de successeur qui soit aussi
grand que vous. Vivez donc,
Sire, vivez pour vostre gloire ,
& pour nostre bonheur. C'est le
sujet de nos vœux , & le souhait
que fait tous les jours avec zele ,
& avec vn profond respect,

SIRE,

DE VOSTRE MAJESTE´

Le tres-humble, tres-obeïssant,
& tres-fidele serviteur & sujet,
FELIBIEN.

LES QUATRE

ELEMENS

PEINTS

PAR M^r LE BRUN,

ET MIS EN TAPISSERIES

POUR

SA MAJESTE.

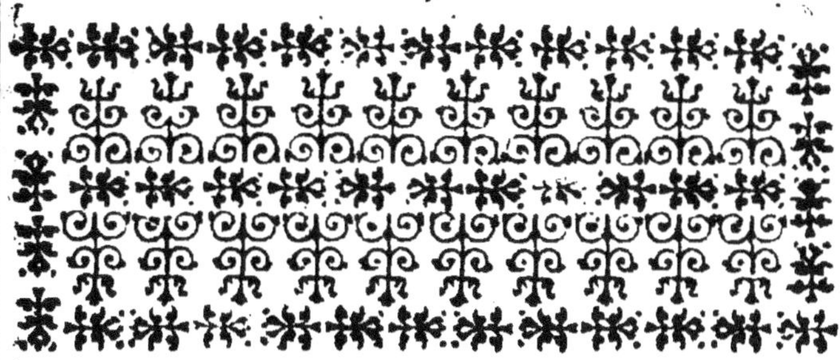

LES QUATRE
ELEMENS.

LORS que les hommes eurent trouvé l'art de faire des vers, ils n'emploiérent cette noble façon de s'exprimer, que pour parler des Dieux ; & crûrent que la Poësie estant vn langage divin, ils ne s'en devoient servir que pour chanter leurs loüanges.

C'est sur cét exemple, que pour parler de l'auguste personne de Sa Majesté, on cherche aujourd'hui d'autres paroles que celles qui ont esté en vsage jusques à present ; & que pour décrire les grandes actions du plus grand Prince du monde , on forme de nouveaux caracteres.

C'est par ces Peintures ingénieuses qu'on veut apprendre la grandeur de son Nom à ceux qui viendront aprés nous , & leur faire connoistre par ces images allégoriques, ce que des paroles n'exprimeroient pas avec assez de force.

En effet , de quelle maniére pourroit-on assez bien écrire tout ce que Sa Majesté a fait depuis qu'Elle est montée sur le trône ; & comment pourroit-on assez dignement representer les avantages arrivez à l'Estat depuis qu'Elle en a pris la conduite ? Cependant , toutes ces merveilles sont si mistérieusement dépeintes dans les quatre Tableaux que je veux décrire , que l'œil les découvre d'abord avec plaisir, & l'entendement les connoist avec admiration.

Ces quatre Tableaux representent les quatre Elemens, qu'on a disposez d'vne maniére aussi agréable que sçavante.

Il n'y a personne qui ne sçache, que Sa Majesté a retiré ce Roiaume du desordre & de la confusion où il a esté si long-temps comme enseveli ; que c'est Elle qui a joint l'Amour à la Paix pour travailler à ce grand Ouvrage ; & qu'aprés avoir dissipé tous les nuages, qui ont obscurci la face de l'Estat durant tant d'années, Elle y a répandu la lumiére par son admirable conduite. Elle y a comme rangé tous les Elemens dans leur lieu naturel, par le repos qu'Elle a donné à ses Sujets ; & Elle le maintient dans vne concorde & vne vnion indissoluble, par les foins continuels que fa bonté en prend.

L'on m'excufera donc bien, fi j'ofe entreprendre d'expliquer à ceux qui ne font pas accouftumez à voir ces caracteres miftérieux, de quelle forte on a figuré les grandes actions que S. M. a faites dans chacun de ces Elemens, & combien le Peintre a caché de merveilles fous le voile de fes couleurs.

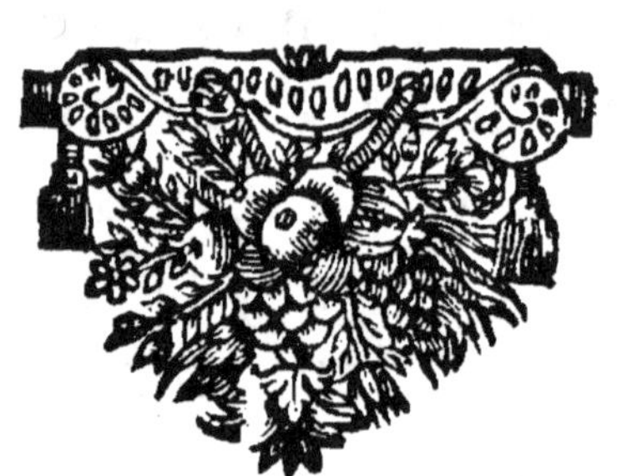

LE FEU.

DANS le premier de ces Tableaux on voit vn grand Païsage. Il y a d'vn costé vne espece de grotte, où Vulcain, & ses Cyclopes forgent des coutres, des faucilles, des dards, des fléches, & d'autres instrumens propres à cultiver la terre, & à s'exercer pendant la Paix.

Prés l'enclume sur laquelle Vulcain travaille on voit par terre des canons, des casques, & des cuirasses ; & d'vn autre costé il y a vn trophée d'armes, attaché contre vn chesne, & disposé de la mesme maniére que les Anciens les dressoient autrefois à l'honneur de Jupiter, aprés avoir remporté quelque victoire. Auprés de ce trophée l'on voit des encensoirs, des trépieds, & plusieurs vases qui servent aux sacrifices : Et dans le lointain de ce

Païfage on découvre le mont Ætna, qui pouffe fes flâmes jufques au Ciel.

Au deffus de Vulcain Jupiter eft affis fur vn amas de nuées fort épaiffes, & tenant vn bouclier dans fes mains. Son aigle eft à fes pieds, mais il n'a point de foudre dans fes ferres comme l'on a de couftume de le reprefenter. Venus eft à cofté de Jupiter, appuyée fur vn nuage, avec le petit Amour auprés d'elle. Ces trois figures font fi bien exprimées, qu'il femble qu'elles parlent à Vulcain, & que Vulcain les écoute avec refpect. Venus eft veftuë d'vn habit bleu rehauffé d'or, & le manteau qui couvre Jupiter eft de pourpre, auffi relevé d'or.

Pour ce qui eft de la beauté de toutes ces figures, de leur difpofition, & de leurs expreffions, il n'eft pas befoin que j'en parle,

parle, puis qu'on ne peut voir cette peinture fans y reconnoiftre tout l'art & toute la fcience d'vn excellent Peintre.

Le feu qui paroift dans cette forge communique fa lumiére & fa couleur à toutes les chofes qui font à l'entour ; & il paroift fi vif & fi bien allumé, qu'il éblouït les yeux de tous ceux qui le regardent. Il y a au fond de la grotte vn Cyclope qui fait aller les foufflets, lequel femble eftre vn homme de feu : & toutes les autres chofes font conduites avec vn tel artifice, qu'on ne peut rien voir de plus agréable, ni de mieux entendu.

Mais ce n'eft ni les couleurs, ni l'art avec lequel on les a emploiées que je veux décrire. Je tâche d'expliquer le fens miftérieux qu'on a caché fous ces figures, & faire voir comme dans ce Tableau le Peintre fe fert de l'Element du Feu, pour fignifier les principales actions du Roy.

Si les Philofophes ont écrit que l'Amour a débroüillé le chaos, & mis tous les Elemens dans leur place; on peut dire avec plus de verité que S. M. a mis par fon heureux Mariage la paix dans fon Eftat, & qu'Elle a comme changé tous les Elemens qui eftoient dans vne confufion horrible, durant les cruelles guerres dont il a efté affligé fi long-temps.

C'eft pourquoi on a peint Venus & l'Amour affis auprés de Jupiter, pour montrer la puiffance de l'Amour, qui eft comme l'auteur de la paix, & dont le pouvoir defarme toutes les autres Divinitez. Là Jupiter paroift foumis à fon empire; & fon aigle, qui porte d'ordinaire fon foudre, eft defarmé á fes pieds, & dans vne contenance paifible.

Jupiter eft reprefenté pour le

Dieu qui préside à cét Element ; & l'Element mesme est figuré par Vulcain, qui est pris en effet pour le Feu : car n'estant qu'vne des moindres Divinitez, il n'est pas assez considérable pour avoir vne puissance absoluë sur le plus subtil & le plus élevé de tous les Elemens. L'on voit mesme que l'intention du Peintre a esté de representer le Feu en trois diverses maniéres, & sous trois figures differentes : Car il dépeint le Feu d'amour par l'A-mour mesme ; le Feu élémentaire par Jupiter ; & le Feu materiel ou terrestre par Vulcain.

Dans le bouclier que Jupiter tient, on y voit les Chiffres du Roy, avec ces mots :

MAGIS IPSO FVLMINE TERRET. Pour dire que le nom de S. M. est plus craint & plus redouté que le tonnerre. Aussi l'on voit que Jupiter, pour obeïr lui-mesme à ses volontez, commande à Vulcain de ne forger plus que des inftrumens qui fervent au labourage, & au plaifir des peuples. C'eft pourquoi toutes ces fortes d'armes font renverfées par terre, & comme abandonnées; & ce canon qui eft pointé en haut, n'eft là que pour l'vfage des feux de joie & des réjouiffances publiques.

L'on s'étonnera peut-eftre, qu'en reprefentant l'Element du Feu, le Peintre ait difpofé fon fujet dans vn païs agréable, & dont les arbres font fi verds; puis qu'il femble que la forge de Vulcain devroit eftre dans vn lieu aride, & que le voifinage de fes feux & de fes fumées eft capable de deffecher tous les lieux circonvoifins. Mais il faut confiderer qu'on reprefente ici la naiffance d'vn fiécle bienheureux; que l'Amour préfide en ce lieu; que la Paix y maintient toutes chofes dans l'ordre; & que le Feu, quoi que violent & plein d'ardeur , eſtant renfermé dans ſes bornes naturelles , ne fait plus de mal à ſes voiſins ; qu'il n'eſt occupé qu'aux choſes vtiles & de plaiſir ; & qu'enfin S. M. en a changé le mauvais vſage.

Et certes, depuis que ſon Nom Auguſte s'eſt fait entendre par toute la terre, il a mis plus d'effroi dans l'ame de ſes ennemis , que le feu des canons , & le bruit des armes.

Ce Nom ſi redoutable à toutes les Nations eſt repreſenté par ces tonnerres & ces éclairs qui ſortent des nuages , ſur leſquels Jupiter eſt aſſis , & qui ſemblent lancez contre le mont Ætna , d'où l'on voit ſortir mille feux ſoûterrains.

Cette montagne eſt l'image de la puiſſance Ottomane , qui vomit ſes flâmes ſur les campagnes voiſines , mais que le bruit du Nom de S. M. remplit d'effroi, craignant

que fes foudres & fes tonnerres
ne la reduifent en cendre.

C'eft dans ce Tableau qu'on
a voulu enfermer l'Image incomparable de ce qu'il y a de
plus grand & de plus admirable
dans l'ame du Roy, dont l'éclat
eft fi puiffant, qu'il a falu fe fervir
de cette peinture comme d'vn
voile pour en fupporter les raïons:
Car le Peintre a tâché particuliérement de figurer par cét Element
du Feu la vivacité de l'Efprit de
S. M. & cette activité merveil-
leufe qui le porte fans ceffe à procurer le bien de fes Sujets.

Mais aprés avoir exprimé en
quelque forte ces nobles qualitez
de fon Ame, on a crû que
cette peinture eftant le modele
d'vne riche Tapifferie, il faloit
que les ornemens qui en devoient
compofer la bordure convinffent
au principal fujet, & qu'ils y fuffent comme des traits encore plus

marquez, pour expliquer l'intention du Peintre, ou plûtoft comme vne forte de lumiére, qui aidaft à découvrir le fens caché de ces figures mifterieufes.

L'on a donc comme attaché aux deux coftez de la bordeure deux Tableaux particuliers qui reprefentent deux actions, par lefquelles on fait affez voir que le feul Nom de S. M. fuffit pour la faire craindre, fans qu'il foit befoin qu'Elle fe ferve de fes armes.

Dans l'vn de ces Tableaux on a peint Marfal, que le bruit de fon Nom rangea fous fon obéïffance, avant mefme qu'Elle euft paru devant cette Place. Et dans l'autre on a reprefenté la Pyramide qu'on a élevée dans Rome pour la fatisfaction de l'injure faite à fon Ambaffadeur, fans qu'Elle ait emploié autre chofe que le bruit de fes armes. C'eft ce qui eft exprimé dans la bordeure d'en bas fur vne table feinte de lapis , où l'on voit écrit.

LVDOVICVS XIIII. POTEN-
TISSIMVS REGIÆ DIGNITATIS
CVSTOS ET VINDEX, POSTQVAM
IGNI VIM INIMICAM ERIPVIT,
TVM SOLA FVLMINIS MI-
NITANTIS CORVSCATIONE,
MARSALII FIRMISSIMAM
ARCEM EXPVGNAVIT, ET
VIOLATAM APVD ROMA-
NOS IN LEGATO MAIES-
TATEM ASSERVIT.

Il y a quatre Devifes aux quatre coins de la bordeure, lefquelles
loüent Sa Majefté de quatre Vertus principales qui éclatent en fon
Augufte Perfonne, & qui plus que
toutes les autres ont contribué au
grand ouvrage de la Paix. Ces quatre Vertus font , la PIETE', la
MAGNANIMITE', la BONTE',
& la VALEVR.

La PIETE' a fléchi le Ciel, &
l'a comme contraint de nous donner la Paix, qu'il avoit refusée à
nos vœux pendant tant d'années.

La MAGNANIMITE' a fait
concevoir à S. M. le noble &
grand dessein de rendre ses peuples
heureux, & de préferer cette gloire à celle des conquestes, qui lui
estoit asseurée.

La BONTE' l'en a sollicité par
des mouvemens de tendresse pour
ses Sujets,& en a pressé l'exécution.

Et la VALEVR enfin, qui rend
S. M. redoutable à toute la terre,
a disposé ses ennemis à la recevoir
à des conditions raisonnables.

De ces quatre Vertus, qui font
le sujet des quatre Devises qui sont
dans cette Tapisserie, comme il y
en a deux qui resident en la partie superieure de l'ame, sçavoir la
PIETE' & la MAGNANIMITE',
on les a placées en la bordure
d'en haut : & les deux autres, qui

F v

font la BONTE' & la VALEVR,
ont efté placées dans la bordure
d'en bas.

Il eft à obferver que tous les
corps de ces Devifes font tirez de
l'Element qu'elles accompagnent,
& qu'eftant tous femblables pour le
fujet, les Devifes font toutes differentes pour le corps & pour les paroles.

Le refte des autres ornemens
eft fait avec le mefme deffein &
la mefme conduite : Car dans le
haut de chaque piece, les Armes
de S. M. y font fouftenuës de
fupports differens, felon la nature
de l'Element. Dans celuy du Feu
il y a deux Salamandres, & les
Feftons qui enrichiffent la bordure font compofez de tout ce qui
fert, & qui a rapport à cét Element, comme des armes à feu,
des fufées volantes, des encenfoirs,
des brafiers, & d'autres chofes
femblables.

L'art des Deviſes veut qu'on repreſente par des figures fort connuës, & en peu de paroles, beaucoup de grandes choſes. Comme celuy qui a travaillé à celles-cy a heureuſement exprimé ſa penſée, par les figures & les mots latins dont il ſe ſert, ce n'eſt pas avec moins de force & d'éloquence, qu'il en a expliqué le ſens en vers françois, leſquels étendant davantage ce qui eſt renfermé dans le mot de la Deviſe, j'ay crû les devoir rapporter, pour faire mieux comprendre ce que chaque Deviſe contient de grand & de noble, par le rapport qu'elles ont aux illuſtres qualitez, & aux actions heroïques de S. M.

La premiere, qui regarde la PIE'TE', & qui eſt placée au coſté droit de la bordure d'en haut, a pour corps vn Encenſoir allumé, avec ce mot :

ET SACRO CARPITVR IGNI.

Comme vn Encensoir ne brûle
que pour le culte & l'honneur des
Autels, il represente parfaitement
le zele du Roy pour toutes les
choses divines, & pour tout ce qui
regarde la Religion.

Son extrême ferveur à nulle autre
   semblable,
      Rend le Ciel doux & favorable
      Aux desirs des mortels :
Il cede avec plaisir au feu qui le con-
   sume,
Et ce feu tout divin dans son cœur
   ne s'allume
      Que pour le culte des Autels.
PERRAULT.

La seconde, qui a rapport à la
MAGNANIMITE´, & qui est
placée au costé gauche de la bordure d'en haut, a pour corps vne
fusée volante, avec ce mot :
SPLENDET ET ASCENDIT.
Pour dire que la gloire de S. M.
est toûjours éclatante, & va toû-

jours en s'élevant. En quoi Elle peut estre comparée à vne fusée volante, qui brûle, & s'éleve toûjours.

J'éblouïs tous les yeux de ma vive
splendeur,
    Et rien n'est égal à l'ardeur
Qui me transporte & qui m'anime :
Quiconque de ma vie observera le
cours,
    Verra que noble & magnanime
    Je brille, & m'éleve toûjours.

PERRAULT.

La troisiéme, qui est pour la Bonte', & qui est placée au costé droit de la bordure d'en bas, est vn Phare, qui a pour mot :

In PVBLICA COMMODA FVLGET.

Comme vn Phare éclaire toute la nuit pour le salut commun des vaisseaux, ainsi S. M. veille sans cesse au bien de ses Sujets.

Pendant que loin du bruit la Nature
    sommeille,
        Seul j'agis & je veille,
Ignorant du repos les charmes les plus
        doux :
        Et d'vne ardeur infatigable
J'épans de toutes parts ma splendeur
    secourable,
        Pour le salut de tous.

PERRAULT.

La quatriéme, qui se rapporte à
la VALEVR, & qui est placée au
costé gauche d'en bas, represente
vn foudre renversant vn grand
arbre, & qui a pour mot :

MICAT EXITIALE SVPERBIS.

Pour signifier que S. M. par-
donnant aux humbles, terrasse &
détruit les superbes ; ainsi que le
foudre, qui épargnant les joncs
& les roseaux qui lui obeïssent,
rompt & abbat les grands arbres
qui lui resistent.

Le foible & le soumis qui cedent à
mes coups
    N'ont point à craindre mon
    courroux,
On évite, en ployant, ma plus rude
    vengeance :
Mais quand je fais trembler & la
    terre & les Cieux,
    Que les puiſſans traits que je lance
    Sont à craindre aux audacieux !

PERRAULT.

L'AIR.

IL n'y a rien dans la nature qui repreſente ſi bien l'Eſſence de la Divinité que le Feu. Sa chaleur nous marque la puiſſance infinie de Dieu ſur toutes les créatures, & ſa lumiére nous figure la profondeur & l'immenſité de ſes connoiſſances. Comme l'eſprit de l'homme eſt ébloüi par la ſeule penſée de ces grandes choſes, il ne peut les enviſager qu'avec crainte & tremblement. Auſſi quoi que le Ciel ne lance pas ſes foudres ſur tous les hommes, lors qu'il fait briller ſes éclairs, ou qu'il fait éclater ſon tonnerre, neantmoins il n'y a perſonne qui ne ſoit ſaiſi de fraieur & d'apprehenſion au bruit de ſes menaces.

Nous avons veû dans le Tableau de l'Element du Feu vn veritable portrait de la grandeur & de la puiſſance du Roy. Et quoi que S. M. y ſoit comme deſarmée, toutefois le ſeul bruit de ſon Nom, & les lumieres éclatantes de ſes grandes qualitez ont toûjours tenu nos eſprits dans vne crainte reſpectueuſe & pleine d'admiration. Mais comme, à l'exemple des Dieux les Rois ſe font connoiſtre aux hommes par divers moiens, & qu'ils s'abaiſſent quelquefois pour communiquer avec eux ; on voit auſſi dans la ſconde Peinture vne repreſentation plus proportionnée à noſtre

foibleſſe, où la beauté du ſujet, &
la diverſité des figures ſemble, en
donnant de la joie à nos yeux,
donner auſſi plus de liberté à nos
penſées.

Nous y remarquons vne aſſemblée agréable de tous les Oiſeaux
les plus rares & les plus beaux
que la nature produiſe. Il ſemble,
en voiant le riche mélange de
leurs differens plumages, que le
Ciel ait détaché de ſes lumiéres
pour leur en faire part ; & comme s'il avoit obligé tous les Elemens à contribuer à leurs parures,
on y voit ce qu'il y a de plus
vif dans le Feu, de plus tranſpa-
rent dans l'Air, de plus brillant
dans les Eaux, & de plus riche
ſur la Terre. Il paroiſt comme des
Aſtres dans la queüe des vns ; l'Arc-
en - Ciel eſt repreſenté dans le
col des autres. Il y en a dont la
gorge reſſemble aux petites ondes
de la Mer, lors qu'elle eſt calme,

& que le Soleil y éteint ſes feux.
Enfin l'Or, l'Azur, & toutes les
plus vives couleurs que la Terre
nous donne, compoſent vn précieux émail dont les autres ſont
embellis.

Cette quantité d'Oiſeaux ſi richement parez ſemblent eſtre venus de toutes parts, pour faire vn
concert melodieux ſur les arbres
& autour des fontaines & des
ruiſſeaux qui compoſent cét agréable lieu. Leurs diverſes actions, &
la joie qu'on remarque en eux fait
qu'on éleve les yeux pour chercher dans ce Tableau, ou plûtoſt
dans ce charmant ſejour, quelle
peut eſtre la cauſe de leur bonheur.

Mais l'on n'en doute plus, lors
qu'on voit Junon aſſiſe ſur vne
nuée, qui chaſſe les vents, diſſipe
les nuages, & rend l'air pur &
ſerein. Iris eſt au deſſous d'elle
couchée ſur vn Arc-en-Ciel, &

tenant en ſes mains vn écu, où ſont les Chiffres de S. M. avec ces mots :

Cɪᴛɪᴠs ᴠᴇɴᴛᴏs ᴇᴛ ɴᴠʙɪʟᴀ ᴘᴇʟʟɪᴛ.

Junon eſt veſtuë d'vne robbe de drap d'or, & d'vn manteau bleu rehauſſé de pourpre. Le Vent qu'elle chaſſe fait voir par ſon viſage qu'il eſt vn des Vents les plus fâcheux & les plus incommodes, & qui en troublant l'air couvre la terre de néges & de frimats. On voit meſme que de ſes mains il preſſe les nuées, & en fait ſortir de la greſle & des glaçons.

Pour Iris ſes veſtemens ſont de couleurs changeantes, & ſemblables à celles qui paroiſſent dans l'Arc-en-ciel.

Ceux qui ſçavent que Junon eſt la Déeſſe de l'air, & qu'elle préſide aux nopces, comprendront aiſément, qu'en la repreſentant de la ſorte qu'elle paroiſt,

on veut faire voir que le Mariage de S. M. a diſſipé toutes les
émotions & les tempeſtes qui agi-
toient cét Eſtat, & ceux de nos
voiſins ; & que ſon Nom gra-
vé ſur le bouclier que tient Iris,
a cauſé vn calme ſi doux, & vne
ſerénité ſi grande dans ſon
Roiaume, qu'elle donne ſujet à
tous les peuples repreſentez par
ces differens Oiſeaux, de jouïr de
la douceur de la Paix, & de chanter enſemble les loüanges de Celui
qui établit ſi conſtamment leur
ſeureté & leur repos.

L'Arc-en-Ciel eſt le plus beau
de tous les metéores, & l'objet
le plus agréable que nos yeux
puiſſent regarder. Auſſi repreſen-
te-t-il parfaitement cette beauté & cette grace que tout le
monde admire en la Perſonne
du Roy ; & nous eſt vne marque & vne aſſûrance de cette
Paix, dont nous eſperons jouïr

heureusement sous vn si grand
Prince.

Et parce que dans chaque piéce de Tapisserie qui represente vn
des Elemens, on veut obseruer le
mesme ordre & la mesme conduite que dans celle qui figure l'Element du Feu, on a aussi mis dans
la bordure d'en bas de celle dont
je parle ces paroles en lettres
d'or :

LVDOVICVS XIIII.
HOSTIVM SVIQVE IPSIVS
VICTOR, FORTISSIMAM
GENTEM BELLO FRACTAM
GEMINO PACIS, AC
CONNVBII FOEDERE
SIBI DEVINXIT, JAMQVE
AER TVRBVLENTO
ARMORVM STREPITV
NVPER COMMOTVS,
FESTIVIS PVBLICÆ
LÆTITIÆ CONCENTIBVS
PERSONABIT.

Pour dire que S. M. aprés avoir vaincu ſes ennemis, s'eſt voulu vaincre Elle-meſme ; & que par ſon Mariage & la Paix qu'Elle a eſtablie, Elle a fait ſucceder le repos & la tranquillité aux troubles & aux deſordres.

Ces deux actions de la Paix & du Mariage du Roy, ſont repreſentées dans deux Tableaux particuliers, qui ornent la bordure de la Tapiſſerie. Dans l'vn on voit vn Amour qui tient liez enſemble vn Coq & vn Lion; & dans l'autre il y a deux figures qui ſignifient la France & l'Eſpagne qui ſe donnent la main.

Quant aux Deviſes qui ſont aux quatre coins de la bordure, celle de la PIETE' eſt vn Arc-en-ciel, qui a pour mot :

TERRAS DEVINXIT OLYMPO.

Comme l'Arc-en-ciel eſt vne aſſûrance à la terre que le Ciel

ne s'irritera plus contre elle ; ainſi
la Piété de S. M. nous a mis à
couvert de la colére du Ciel, aprés
nous avoir reconciliez avec lui,
& en avoir attiré la paix ſur nous.

> *Lors que des Cieux l'âpre cour-*
> *roux*
> *S'eſtoit déclaré contre nous*
> *Par vne longue & triſte guerre ;*
> *Il bannit de nos cœurs la crainte pour*
> *jamais ;*
> *Et ſe faiſant voir à la terre,*
> *Il la vient aſſûrer d'vne éternelle*
> *paix.* PERRAULT.

Celle de la MAGNANIMITÉ
eſt vn Oiſeau de Paradis, avec
ce mot :

SEMPER SVBLIMIS.

Cét Oiſeau, à ce que diſent
les Naturaliſtes, ne touche jamais
à terre, & ſe tient toûjours élevé en haut ; ce qui marque aſſez
bien la grandeur d'ame de S. M.

qui eſt toûjours occupée à de grandes choſes , & qui ne ſe propoſe
rien que de magnifique & de ſu-
blime.

> *Il n'eſt rien de ſi relevé,*
> *Où ſi ſon vol n'eſt arrivé,*
> *Il ne monte ſans peine, & ſans trop*
> *entreprendre :*
> *Il ne ceſſe d'agir, & jamais il n'eſt las;*
> *Il regarde ſur nous, & voit ſans y*
> *deſcendre*
> *Tout ce qui ſe paſſe icy-bas.*
>
> P E R R A U L T.

Celle de la B o n t e´ a pour
corps le Roi des Abeilles, & pour
ame ces paroles :

S I G N A T C L E M E N T I A R E G E M.

Le Roi des Abeilles eſt recon-
noiſſable entre ſes ſujets, en ce
qu'il n'a point d'aiguillon ; & comme la Clemence eſt le veritable caractére des Rois , elle l'eſt encore plus particuliérement de Sa
Majeſté.

Non

Non par vn mouvement de crainte,
Mais par amour, & sans cõtrainte,
Mon peuple obeït à ma loy:
Et ce n'est pas tant ma puissance,
Que ma douceur & ma clemence,
Qui me font connoistre pour Roy.

PERRAULT.

Celle de la VALEUR est vn Aigle tenant vn foudre dans ses serres, avec ce mot :

MERVITQVE TIMERI,
NIL METVENS.

Les Poëtes ont feint que cét oiseau portoit le foudre de Jupiter, parce qu'il est le seul de tous les animaux qui ne craint point le tonnerre, & sur lequel il ne tombe jamais. Ainsi la Valeur de S. M. fait trembler toutes les puissances de la terre, parce qu'il n'y en a point au dessus d'Elle, & qu'elle n'a aucun foudre à redouter.

G

Du foudre menaçant que forme les
tempeftes
> *Au deffus de nos teftes,*
Il voit loin fous fes pieds la fureur
éclater;
Il le porte, & fon feu jufqu'à luy
n'ofe atteindre:
Ainfi ne voyant rien qu'il doive
redouter,
Il ne voit rien auffi qui ne le doive
craindre.

PERRAULT.

Les armes du Roy, qui font
dans la bordure d'en haut, ont
pour fupports deux Aigles; & les
feftons qui ornent le refte des
bordures font compofez de toutes fortes d'inftrumens de Mufique à vent, comme de mufettes,
de hautsbois, de flûtes, de trompettes, & autres femblables, dont
le bruit agréable eft vn figne de
paix & de joie.

L'E A U.

LA troisiéme Peinture represente l'Element de l'Eau. Cét Element eſt figuré par Neptune, qui en
eſt le Dieu, & par Thetis qui repreſente la Mer. Ces deux Divinitez ſont aſſiſes dans vn chariot fait
d'vne conque, & tiré par deux chevaux marins. Neptune eſt veſtu
d'vne couleur changeante de vert
& de pourpre, & tient ſon Tri-
dent en ſa main. Thetis a vne robe d'vn bleu verdaſtre, & tient
vn bouclier chargé du Chiffre
de Sa Majeſté, avec cette inſcription :

PARET MINVS VNDA TRIDENTI.
Il y a ſur le bord de la Mer,
& contre des rochers, vne infinité
de poiſſons, qui ſemblent y avoir
eſté jettez par les vagues & par
la tempeſte ; & l'on voit vn Tri-
ton qui les prend, & les remet
dans leur Element.

G ij

Cette Peinture doit eſtre conſiderée comme vne figure du calme que la Paix & le Mariage du Roy ont mis dans l'Eſtat, aprés les troubles qui l'ont agité : Et ces poiſſons jettez ſur le rivage & hors de l'eau, ſont comme vne image de ceux qui avoient eſté jettez hors de leur païs par ces bouraſques ſi fâcheuſes, leſquels S. M. par vne bonté toute roiale, & des ſoins dignes d'vn veritable pere, a rappellez auprés d'Elle, & remis dans leur Element.

Cependant le deſſein du Peintre ne s'arreſte pas à cette ſeule expreſſion ; il veut encore repreſenter par cette vaſte étenduë des eaux qui environnent la terre, la grandeur & la puiſſance du Roy, qui enferme tant de Provinces, & qui ſe répand par tout le monde. Et les paroles gravées ſur le bouclier que Thetis tient en ſes mains, font aſſez connoiſtre que Neptune n'a point ſur les eaux vn empire auſſi abſolu qu'eſt celui qu S. M. y poſſede ; puiſqu'il eſt vrai que le ſeul bruit de ſon Nom a rétabli ſur la Mer le calme & la ſeureté, que les courſes & les brigandages des Pirates en avoient chaſſé. Auſſi c'eſt par ſon moien que les Marchands qui s'en eſtoient retirez, & qu'on a encore voulu figurer par ces poiſſons, ſont remis ; leſquels, plus hardis qu'auparavant, iront deſormais voguant par toutes les Mers, & juſques aux lieux les plus éloignez. C'eſt ce qui eſt expliqué dans la bordure d'en bas par ces paroles :

LVDOVICVS XIIII. HVMA-
MANÆ VINCVLVM SOCIETATIS,
ET GALLICI NOMINIS PRO-
PAGATOR, PRÆDONIBVS

PER· MARIA OMNIA FVGATIS,
INTER CLVSOS NAVIGA-
TIONIS ADITVS VNDIQV
PATEFECIT, ET FREQVEN-
TES ALTERVM IN ORBE
COLONIAS MISIT.

Les deux actions énoncées dans
cette inscription, sont particuliè-
rement représentées dans les deux
petits Tableaux qui ornent la bordure. Dans l'vn on voit vn vaif-
seau de France qui donne la chasse à vn vaisseau de Pirates. Et
dans l'autre on remarque vn vaisseau François chargé de plusieurs
personnes, qui sortant du port
semblent dire adieu à ceux qui
sont sur le rivage.

Dans les quatre coins de la
mesme bordure sont les quatre
Devises suivantes ; sçavoir, pour
la Piete' vne Mer, avec ce
mot:

NVSQVAM DATA LITTORA TRANSIT.

Quelque vaste que soit l'Ocean, il ne passe jamais les limites que le doigt de Dieu lui a marquées sur son rivage : Ainsi quelque grande que soit la puissance de S. M. elle ne va jamais au-de-là des bornes de la Justice, qui sont les seules que Dieu lui a don-nées , & que la Piété lui rend inviolables.

Bien qu'en tout l'Vnivers mon Empire s'étende
Que le plus ferme cœur ma colere ap-
prehende ,
 Et tremble au moindre de mes
  coups :
Je ne m'étends jamais au-de-là des
limites ,
Qu'à mon vaste pouvoir l'Eternel a
prescrites ,
 Même au plus fort de mon cour-
  roux.

PERRAULT.

G iiij

Pour la MAGNANIMITE´ vne
fontaine jaliſſante, avec ce mot:
PETIT IMPIGER ORTUS.

Comme vne fontaine jaliſſante
remonte auſſi haut que ſa ſource,
ainſi S. M. égalera elle ſeule tous
ſes Anceſtres, & portera ſa puiſſance & ſes vertus à vn degré
auſſi éminent que les Saints Louis
& les Charlemagnes.

> Pendant que l'on voit mes ſem-
>   blables,
> Ou ramper ſur la terre, ou croupir
>   miſerables
>   Dans vne molle oiſiveté;
> Par les divins reſſorts d'vne vertu
>   divine
> Je monte & je m'éleve avec rapidité
>   Auſſi haut que mon origine.

PERRAULT.

Pour la BONTE´ vn grand fleu-
ve, avec ce mot:
FACIT OMNIA LÆTA.

Les grands fleuves portent l'a-
bondance & la fertilité par tout
où ils paſſent : De meſme les bons
Princes tels que S. M. ſont le
bonheur & les richeſſes des peuples qui leur obeïſſent.

Loin de moy tout perit, tout languit
  de foibleſſe,
          Et ſéche de triſteſſe
          Faute de mon ſecours ;
Prés de moy tout fleurit, tout pro-
  fite, & s'avance,
Et l'on me voit porter la joye & l'a-
  bondance
          Par tout où je porte mon cours.

PERRAULT.

Pour la VALEVR, vn Dau-
phin, avec ce mot :

HVNC ET MONSTRA TIMENT.

Le Dauphin eſt le Roi legitime de la Mer ; & bien qu'il ſe
trouve beaucoup de poiſſons plus
grands que lui, toutefois les Na-

G v

turalistes assûrent qu'il n'y a point
de monstres si terribles dans tout
l'Ocean, qu'il ne combatte, & ne
surmonte.

On peut dire de mesme que
S. M. est le veritable Roi de la
terre ; & que de toutes les puissances monstrueuses qui la dominent, il n'y en a point qui ne le
craignent, & dont il ne se rendît
le vainqueur, si elles l'avoient obligé à les combattre.

La Mer n'a point de bords, de gouf-
fre, ny d'abysme,
Dont il ne soit Roy legitime,
Et qui ne rende hommage à sa noble
valeur :
Elle a des monstres effroyables ;
Mais il est pourtant vray que des
plus redoutables
Dans un juste combat il demeure
vainqueur. PERRAULT.

Les armes de S. M. qui sont
dans le haut de la bordure, sont

ſoûtenuës par deux Dauphins, &
tout le reſte de la bordure eſt orné de feſtons compoſez de toutes ſortes de coquillages , de perles , de coral , & d'autres choſes
précieuſes que cét Element produit.

LA TERRE.

SI Sa Majeſté a ſceû
diſſiper les foudres & les ora-
ges qui menaçoient inceſſam-
ment nos teſtes ; Si Elle a rendu
l'air ſerein & tranquille ; Si Elle a
calmé les flots de la mer , & domté
ſa fureur , Elle n'a pas fait de
moindres miracles ſur la terre : Et
c'eſt ce que l'on a tâché de repreſenter dans le quatriéme Tableau
qui figure cét Element.

On y voit Cybelle & Cerés aſſiſes dans vn chariot tiré par deux
Lions. Ce chariot eſt d'or orné
de baſreliefs de lapis. Les roües
ſont enrichies de ïacintes & de ru-

bis. Cybelle eſt veſtuë d'vne robbe
de pourpre, & d'vn manteau dont
la couleur eſt verdaſtre, mêlée de
rouge. Elle a vne couronne de
tours ſur ſa teſte, ainſi qu'on a de
coûtume de la repreſenter. Cerés
eſt veſtuë d'vne robbe blanche, &
d'vn manteau verd rehauſſé d'or.
Elle tient entre ſes bras vn faiſ-
feau d'épics de bled, mêlez de diverſes fleurs, & ſemblables à ceux
qui lui couronnent la teſte. Et
ſous les pieds de ces deux Déeſſes
il y a vne gerbe de bled, & vn
panier rempli de pluſieurs ſortes
de fruits.

Le lieu où elles ſont eſt agréable
par ſon aſpect & par ſa ſituation.
Car il ſemble qu'elles ſoient les
maiſtreſſes d'vn grand Palais, dont
l'on ne voit néanmoins qu'vne
petite partie, & qui paroiſt ſur le
devant du Tableau. Cette belle
maiſon eſt accompagnée de bois,
de parterres, de fontaines, & de

grandes allées, qui font vne per-
fpective admirable dans le milieu
de ce Tableau. Mais elle a vne
veuë d'autant plus charmante,
qu'elle n'eft bornée que par des
collines fort éloignées ; & que
pardeffus fes parterres elle découvre vne riviére & des ruiffeaux
qui ferpentent dans la plaine.

Les divers animaux qui font
alentour du chariot de ces deux
Divinitez ; les differens inftrumens propres à l'agriculture , &
vn amas confus de toutes fortes
de fruits répandus fur la terre,
font affez connoiftre la fertilité
de ce païs : Et la joye que l'on
voit fur les vifages de Cybelle &
de Cerés, marquent parfaitement
le repos & le contentement que
reffentent ceux qui font dans vne
innocente abondance de biens,
& qui goûtent avec tranquillité les douceurs de la vie cham-
peftre.

Elles tiennent vn bouclier, où font les Chiffres du Roy, avec ces mots :

Ubertas major ab illo.

Pour donner à entendre que la Bonté paternelle de S. M. pour fes peuples, a par fes foins foûtenu leur vie dans les temps que la terre leur refufoit par fa fterilité leur nourriture ordinaire.

Si S. M. a établi le Commerce fur la Mer, & donné à fes Sujets vne feureté entiere pour trafiquer jufques aux extrémitez du monde, quelle fertilité ne doit-on point efperer dans la campagne, & quelle felicité ne doit-on pas fe promettre pendant le regne d'vn fi bon Prince ?

La France produit toutes fortes de biens. C'eft vne mere qui nourrit elle-mefme fes enfans; & qui bien loin d'avoir befoin de fes voifins, les affifte dans leurs neceffitez. Auffi allons-nous voir doresnavant sous les favorables influences d'vn gouvernement si heureux, nos champs & nos collines couvertes de riches moissons. Et ce Nom auguste de Sa Majesté, qui embellit cette peinture, nous est comme vn signe de bon augure, qui prédit le bonheur dont Elle va combler ses peuples.

Le plaisir qu'Elle prend à les rendre heureux, n'est-il pas figuré par la joie qui paroist sur le front de Cybelle & de Cerés?

Et certes, quand on pense que S. M. a préferé le repos de ses Sujets à sa propre gloire, & que l'on considere les soins qu'Elle prend tous les jours pour rendre son Roiaume florissant, on ne peut douter que le Ciel ne favorise les desseins d'vn si grand & si vertueux Monarque.

C'est dans la bordure de cette Tapisserie qu'on a peint en petit deux grandes actions, par lesquel-

les le Roy a fait connoiſtre à toute
la terre la bonté & la tendreſſe
qu'il a pour ſes peuples , & de
quelle ſorte il emploie avanta-
geuſement ſes revenus dans l'ac-
quiſition qu'il a faite d'vne Place qui affermit & fortifie les limites de ſon Roiaume , & conſole
l'Egliſe, en retirant ſes enfans des
mains de ſes ennemis.

Dans l'vn de ces Tableaux dont
je parle on a repreſenté la diſtribution des bleds que S. M. fit
faire au peuple durant la famine;
& dans l'autre on y voit l'acqui-
ſition qu'Elle a faite de Dun-
querque. L'inſcription qui eſt dans
la bordure d'en bas ſert à expliquer ces deux actions memorables. Elle eſt conceuë en ces
termes :

LVDOVICVS XIIII. TERRÆ
FRVGVM, ET OPVM CVRATOR
PRVDENS, AC MVNIFICVS,

FAME IN GALLIIS SÆVIENTE,
POPVLOS FRVMENTARIA
LARGITIONE RECREAVIT, ET
DVMQVERQVAM DE SACRIS
SOLLICITAM , INGENTI
AVRO, IN PRISTINAM VIN-
DICAVIT LIBERTATEM.

Il y a aussi quatre Devises dans les quatre coins de la bordure de cette Tapisserie.

Celle qui est pour la PIETE' represente vn Girasol, avec ce mot:

CÆLESTES SEQVITVR MOTVS.

Pour dire que S. M. se conduit par les mouvemens du Ciel en toutes ses actions, ainsi que le Girasol suit le mouvement du Soleil, qu'il regarde toûjours.

Malgré l'Element qui m'enserre,
Et la loy du destin qui m'attache à la terre,
Dans le plus haut des Cieux sont mes tendres amours;

Du divin auteur de ma vie
J'ay toûjours la trace suivie,
Et la suivray toûjours.

PERRAULT.

Pour la MAGNANIMITE' vn Sapin, avec ce mot :

RECTA SE TOLLIT IN ALTVM.

Sa Majesté, qui se plaist dans les choses grandes & élevées, va droit à la gloire, ainsi que le Sapin qui se plaist sur les montagnes les plus hautes, & qui s'éleve droit en haut, sans se courber jamais.

Plein d'vne fierté magnanime
Jusqu'aux Cieux j'éleve ma cime,
Affermy par mon propre fais :
Rien ne peut faire que je plie,
Moins encor que je m'humilie;
Je m'éleve toûjours, & ne gauchis
jamais

PERRAULT.

Pour la BONTE' vne houlette, avec ce mot :

ET REGIT ET SERVAT.

Vne houlette n'a que deux vſa-
ges; l'vn de conduire le troupeau,
l'autre de le garder contre les
loups : & en cela elle eſt le veritable ſymbole d'vn bon Prince
tel que S. M. qui n'a point d'autre ſoin ni d'autre occupation que
de bien gouverner ſon peuple, &
de le défendre contre ſes ennemis.

> *Parmy la joye & l'abondance,*
> *Et loin de toute violence*
> *Vivent ceux que je tiens à ma garde*
> *ſoumis ;*
> *Rien n'eſt plus doux que mon em-*
> *pire,*
> *Mon but n'eſt que de les conduire,*
> *Et de les garantir contre leurs ennemis.*

PERRAULT.

Pour la VALEVR vn Lyon qui
ſe repoſe, & ce mot :

QVIS HVNC IMPVNE LACESSET ?

La Valeur de S. M. n'a pas ſeulement fait la paix, en obligeant

ſes ennemis à la demander, mais Elle la conſerve, en les empeſchant de rien faire qui la puiſſe rompre; & c'eſt en quoi on peut dire que le Roy reſſemble bien à vn Lion qui ne craint point qu'on trouble ſon repos, parce qu'on ne le peut faire impunément.

Dans ces climats heureux ſi charmans
& ſi calmes,
Et ſous l'ombre de tant de palmes
Il peut bien prendre du repos;
Qui ſeroit aſſez témeraire
De le troubler mal à propos,
Et s'expoſer à ſa colere?

Il y a dans la bordure d'en haut les armes de S. M. ſupportées par deux Lions, & le reſte des ornemens ſont des Feſtons compoſez de toutes ſortes de fleurs & de fruits.

Ce n'eſt pas ſans beaucoup de raiſon, que la Fable nous apprend qu'il n'appartient qu'à Minerve de bien reprefenter les Dieux, c'eſt à dire , qu'il n'y a que les perſonnes ſçavantes qui ſoient capables de loüer dignement les Heros. Car on peut dire, en voiant cette Tapiſſerie , que la Déeſſe des Sciences & des Arts a conduit elle-meſme la main de ceux qui en ont formé le deſſein , & qui ont contribué à l'exécution de ce bel Ouvrage. Et certes il eſt bien juſte que les Sciences & les Arts faſſent leurs derniers efforts pour immortaliſer les vertus d'vn Prince qui les protege , & qui travaille lui-meſme à les rendre plus cele-bres. Auſſi tous ces ſçavans hommes , qui par l'éminence de leur doctrine, & l'excellence de leur art, ont formé tant de nobles traits, & emploié des couleurs ſi vives pour repreſenter l'Image du Roy ; ces ſçavans hommes , dis-je , n'au-ront deſormais d'autre objet que la grandeur de ſon Nom ; &

c'eſt en travaillant à ſa gloire
qu'ils s'immortaliſeront eux-meſ-
mes.

FELIBIEN.

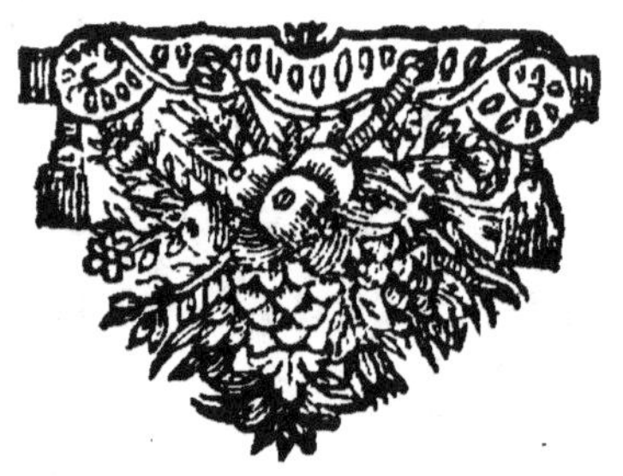

LES QUATRE SAISONS

PEINTES

PAR Mʳ LE BRUN,

ET MISES EN TAPISSERIES

POUR SA MAJESTE'.

LES

LES QUATRE
SAISONS.

DANS la description des quatre Elemens j'ay essayé de faire voir comment l'on a representé sous des Peintures mysterieuses les grandes choses que SA MAJESTE' a faites depuis qu'Elle a pris la condüite de son Estat. Mais bien que ces Images soient admirables, & qu'elles exposent aux yeux de tout le monde vne noble idée de cette condüite toute merveilleuse, dont Elle se sert si avantageusement pour la gloire de la France, & pour le bien des peuples ; il re-

H

ſtoit néanmoins encore quelque choſe à y ajoûter pour leur plus grande perfection. Car ayant peint dans ce rare ouvrage le changement que S. M. a, s'il faut ainſi dire, apporté dans les Elemens, en changeant le mauvais vſage qu'on en faiſoit, & de quelle ſorte elle les a reduits dans cette diſpoſition, qui a produit par la Paix des effets ſi extraordinaires, il eſtoit beſoin de repreſenter encore par d'autres peintures ces effets merveilleux dont l'on n'avoit figuré que la cauſe.

Pour faire voir que S. M. ayant donc mis comme vn nouvel ordre dans les Elemens, a auſſi rendu les Saiſons plus belles & plus fecondes, ou plûtoſt a rempli nos jours de bonheur, & comblé nos années de toutes ſortes de biens; on a fait quatre Tableaux où ſont repreſentées les quatre

Saifons , & ces Tableaux ne font
pas moins myfterieux, qu'ils font
conduits avec art & jugement.

Comme ils ont efté peints pour
faire quatre piéces de Tapifferies,
qui doivent accompagner celles
des quatre Elemens, on a affecté
de les rendre femblables, autant
qu'on a pû, dans les chofes qui
demandent de la fymetrie, & d'y
apporter toute la variété que le
fujet eft capable de recevoir.

Chaque piéce reprefente vne
Saifon, & vn divertiffement qui
luy eft propre. Il y a deux Divinitez ainfi que dans les Tapifferies
des Elemens. Et pour rendre encore ces Ouvrages plus agréables,
& leur donner des marques du
Prince pour qui on les a faits, on
a peint dans chaque Tableau vne
Maifon Royale choifie entre les
autres, comme celle qui a le plus
d'agrément dans la Saifon où elle
eft reprefentée.

H ij

LE PRIMTEMPS.

LE premier de ces Tableaux est vn grand païsage, où l'on voit le Chasteau de Versailles, tel qu'il paroist, lors que dans le Primtemps tous les arbres du Parc, & toutes les fleurs des jardins semblent disputer à qui contribuëra davantage à l'embellissement de ce sejour royal.

Lon a placé sur le devant ces grands vases de bronze, qui font vn des ornemens de cette Maison. Les vns sont remplis d'orangers, dont la couleur des feüilles égale celle des Emeraudes les plus fines, & les autres sont pleins des plus rares fleurs, dont l'éclat & la vivacité surpasse tout ce qu'il y a de plus brillant dans les pierreries les plus précieuses.

On voit aussi de grands arbres, qui paroissant fort proches, servent à faire fuïr les objets les plus éloignez. On diroit que la Nature jalouſe de l'Art, qui prend ſoin de la culture des parterres, ait employé ſes derniers efforts, pour faire en ſorte que l'agréable mélange des feüilles, & des boutons qui commencent à éclore ſur ces arbres égale en beauté les fleurs les plus rares.

Outre cela l'on voit contre terre divers oûtils qui ſervent au jardinage ; & l'on a particuliérement choiſi cette Maiſon Royale, parce que quelque belle qu'elle ſoit dans tous les temps de l'année, elle a néanmoins plus d'agrémens dans cette Saiſon que pas vne autre.

Mars & Venus paroiſſent aſſis ſur des nuages. Ces Divinitez tiennent yn Tableau de figure ovale, entourée de fleurs printaniéres, dans lequel ſont repreſentées des Courſes de teſte & de bague.

L'Amour s'approche de sa mere chargé d'vne corbeillle remplie de diverſes fleurs ; & l'on ne
ſçait s'il vient de les cueillir dans
ces agréables lieux, ou ſi ce n'eſt
point vn preſent que Flore luy
ait fait elle-meſme pour en enrichir ces parterres , & les ajoûter
à celles qui parent ces beaux
jardins.

Venus eſt veſtuë d'vne robbe de
pourpre rehauſſée d'or. Pardeſſus ,
elle a vn grand manteau vert
auſſi rehauſſé d'or , & ſa teſte eſt
couronnée d'vne guirlande de
fleurs.

Mars eſt armé d'vn caſque d'a-
cier tres-poly , & d'vne cuiraſſe
faite en forme d'écailles ; il a vn
manteau d'écarlate , & vne lance
auprés de luy.

Bien que les myſteres cachez
ſous ces figures ne ſoient pas
d'abord connus de tout le monde , néantmoins lors qu'on voit

la figure de Venus, on voit bien qu'elle y est mise pour la Déesse qui préside au Primtemps, à cause de sa douceur & de sa fecondité.

Pour Mars il est representé comme ayant la direction, & le soin des exercices militaires, qui ont du rapport au Primtemps, en ce qu'ils sont comme les fleurs & les prémices de la guerre, outre que d'ordinaire dans cette Saison on en voit éclore les premiéres pensées par les armées que l'on met en campagne.

Lors que les anciens ont representé Venus, ils l'ont figurée en bien des maniéres, & son image chez eux a receû plusieurs significations differentes ; mais la plus generale, c'est qu'elle a toûjours esté considerée comme celle qui préside à la generation de toutes choses. Les plus sçavans hommes de la Grece la peignoient sortant de la mer, assise sur vne conque marine, & couronnée dé rofes, faifant croire au peuple qu'elle eftoit née dans l'eau, & engendrée de la femence des Cieux. Mais pour eux ils entendoient par le mot de Venus, cette qualité qui tient du chaud & de l'humide, & que les plantes reçoivent au Primtemps, lors qu'elles commencent à fortir de la terre. A caufe de quoy, à mon avis, ils avoient reprefenté à Sicyone dans vn de leurs Temples l'image de Venus, tenant vne pomme dans l'vne de fes mains, & dans l'autre vn pavot, pour fignifier l'amour par la pomme, & par le pavot la vertu de produire.

Sur cét exemple, Venus reprefente icy la premiére Saifon de l'année, où toutes les plantes commencent à paroiftre, où les animaux penfent à perpetuer leur efpece, & fentant vne nouvelle ardeur, & vn nouveau feu qui les échauffe , témoignent en quelque forte la joye qu'ils ont de voir comme germer en eux les principes d'vne nouvelle vie.

Mais si l'on s'est servi de ces symboles pour representer la premiére Saison de l'année, ces mesmes figures sont aussi les hyeroglifes de ce que S. M. fait de grand dans le Primtemps de son âge , & des belles esperances qu'Elle a données à la France dés les premiers jours qu'Elle a commencé de regner.

Quelques Philosophes ont écrit que l'hemisphere superieur des Cieux est gouverné par Venus , & que Proserpine a le soin de celuy qui est au dessous. Si nous pensons aux grands biens que l'amour a procurez à la France , en concluant la Paix & le Mariage de S. M. nous pourrons dire aussi que ce n'est pas sans raison qu'on a representé ce petit Dieu

H v

chargé de fleurs, puis que par là on marque les douces & favorables esperances qu'il répand dans l'ame de tous les peuples.

Et si l'on considere encore que Mars le Dieu de la guerre y est peint dans vne action tranquille, & que pour contribuer à la felicité, & au repos de ce Royaume, il semble que l'Amour luy fasse changer ses exercices sanglans en des jeux & des passetemps agréables, on découvrira aisément le sens caché de cét Emblême. Car tout le monde sçait assez que l'amour de Sa Majesté pour ses peuples, luy a arraché les armes de la main, pour leur donner moyen de goûter les douceurs de la Paix ; & qu'au lieu de se laisser emporter à cette valeur qui luy inspire les plus hautes actions de la guerre, & de prendre les armes dans cette saison, où le sang boüillonne plus fort dans les vei-

nes, S. M. retient son courage ;
& par les sentimens d'vne vertu
encore plus élevée, Elle s'occupe
avec tous ces vaillans hommes qui
composent sa Cour, à des divertissemens qui entretiennent dans
les esprits le desir de la gloire, &
l'amour de la Valeur.

Il est vray que ces plaisirs sont
tels, que la force & l'adresse du
Roy ne laissent pas d'y paroistre,
& que de ces jeux de paix il en
fait vn exercice qui ressemble à
celuy de la guerre.

C'est-là que ceux qui auroient
assez de témerité pour penser à
troubler cette paix, pourroient
remarquer non seulement l'adresse
incroyable de S. M. à manier
les armes, mais encore comme
Elle est infatigable dans le travail, & que les instrumens de ses
plaisirs sont de telle nature,
qu'Elle n'a qu'à en changer l'v-
sage pour les rendre funestes à
ses ennemis.　　　　　H vj

Et certes, comme Mars eſt le Dieu des armes, & Venus la mere des Amours & des Graces, on peut dire avec verité, que quand ces deux Divinitez ſont jointes enſemble, il faut obeïr ou de gré ou de force, puis que l'vn nous y peut contraindre par la valeur, & que l'autre nous y engage inſenſiblement par ſes attraits. C'eſt ce que l'on a ingenieuſement fait entendre par ces mots qui ſont écrits dans l'ovale que tiennent ces deux Divinitez : SEVVI, SEV SPONTE, & encore par ces vers Latins qui ſont au bas du Tableau.

FERVET IN INVICTO LODOÏCI
PECTORE MAVORS,
BLANDAQVE PVRPVREO
FVLGET IN ORE VENVS.
CEDITE, MORTALES, SEV VI, SEV
SPONTE, SEQVENDVM EST,
CVM SINT TOT IVNCTÆ
VIRIBVS ILLECEBRÆ.

CARPENTARIVS.

Le sens figuré de toutes ces paroles a rapport à S. M. & fait
entendre qu'Elle est en estat de
se faire obeïr de tous les hommes, puis que d'vn costé Elle sçait
gagner les vns par la douceur,
& dompter les autres par la
puissance.

On a choisi le langage de la
Poësie comme le plus convenable aux divertissemens ; & l'Epi-
gramme que le mesme Auteur
des vers Latins a faite en nostre
langue, en exprime admirablement la pensée. Bien qu'elle ne
soit pas dans les Tapisseries, je
ne laisseray pas de la rapporter ;
car comme cét écrit n'a pas les
mesmes charmes que les Tableaux
dont je parle, il a besoin de toutes sortes d'ornemens, & ces vers
François avec ceux que l'on a
faits sur toutes les devises, ne
contribuëront pas peu à l'enri-
chissement de mon discours.

PAR FORCE, OV PAR AMOVR.

Dans le sein de LOVÏS *loge le
Dieu des armes;
Sur son auguste front Venus fait
son séjour:
Lors que tant de valeur est join-
te à tant de charmes,
Mortels, il faut ceder par force,
ou par amour.*

CHARPENTIER.

Pour ce qui est des bordures de ces Tapisseries, on les a faites semblables à celles des quatre Elemens, en gardant le rapport que les Elemens ont avec les Saisons: Ainsi la mesme bordure qui sert à l'Element de l'Air, a esté donnée au Primtemps; celle du Feu à l'Esté; celle de la Terre à l'Automne; & celle de l'Eau à l'Hyver.

Dans les quatre coins de la bordure sont quatre Devises, dont il

y en a deux en haut qui ont rapport à la Saiſon, & les deux d'en
bas au divertiſſement figuré dans
le Tableau que portent les Divinitez ; & toutes ſont faites à la
loüange de S. M.

La premiére, qui regarde le
Primtemps, a pour corps vne hirondelle, avec ce mot :

ET TEMPORA LÆTA REDVCIT.

On dit que l'hirondelle chaſſe
l'Hyver, & ramene le Primtemps.
On peut dire de meſme que S. M.
a ramené le beau temps & la paix
aprés vne longue & ennuïeuſe
guerre.

Quand par l'ordre des temps vne
*   fâcheuſe guerre*
De biens & de plaiſirs à dépoüil-
*   lé la terre,*
*   Et fait languir ſes habitans ;*
Je viens leur rendre l'eſperance,
Je viens apporter l'abondance.

Et ramene avec moy la joye & le
beau temps.

PERRAVLT.

Pour la seconde, ce sont des
fleurs printaniéres dans vn parterre, avec ces paroles:

TERRÆ AMOR ET DECVS.

Si la terre aime les fleurs comme ses premiéres productions, &
comme celles qui font son plus bel
ornement; S. M. n'est pas moins
l'amour & l'ornement de toute la
terre.

Si lors que la Terre se pare
De ce present des Cieux si char-
    mant & si rare,
Elle l'aime si tendrement;
N'est-il pas juste qu'on la voie
En faire son amour, ses plaisirs,
    & sa joye,
Comme elle en fait son orne-
    ment?

PERRAVLT.

Quant à celles d'en bas, qui ont rapport aux Courſes de teſte & de bague, divertiſſement du Prim-temps, la premiére eſt vne lance, avec ce mot :

LVDO PVGNÆQVE PARATVR.

Pour dire que S. M. n'eſt pas moins redoutable à la teſte d'vne armée, qu'Elle eſt aimable dans vn divertiſſement tel que les Cour-ſes de teſte & de bague : ce qui ſe repreſente par vne lance qui ſert à la guerre & aux jeux mili-taires.

Mon adreſſe par fois s'exerce en
vne lice,
Mais mon veritable exercice
Eſt la guerre, qui ſeule a pour moy
des appas;
Par tout m'accompagne la gloi-
re,
Et j'emporte toûjours le prix ou
la victoire

Dans les jeux & dans les com-
bats.

P E R R A V L T.

La seconde est vne rose avec ses épines, & ce mot :

J V N C T A   A R M A   D E C O R I.

Comme il se trouve dans la Rose de la beauté & de la fierté tout à la fois, & qu'elle est comme vne image de la paix, & de la guerre jointes ensemble ; la mesme chose se peut dire des courses de bague & de teste, qui sont des jeux militaires, où il faut beaucoup de force & d'adresse dans les armes, avec beaucoup de bonne mine & de bonne grace ; qui sont deux choses qui se rencontrent souverainement dans S. M.

A mon air attraiant, doux, char-
mant, agréable,
De plaisir on se sent toucher;

Mes trais en mesme temps me
rendent redoutable,
Sans amour & sans crainte on ne
peut m'approcher;
Aussi parmy l'horreur des armes
Ne vit-on jamais tant de char-
mes.

PERRAVLT.

L'ESTE'.

SI dans le Tableau du Prim-temps on a representé d'vne maniére si sçavante les premiéres années de S. M. & les douces esperances d'vn regne tout-à-fait heureux; dans le second Tableau, qui figure l'Esté, on peut contempler les marques certaines, & les preuves évidentes de ce qui nous avoit esté promis par ces favorables commencemens.

On y a peint la Maison Royale de Fontainebleau, si agréable dans

cette Saifon, à caufe des fontaines & des canaux dont elle eft
embellie. On verroit paroiftre
fur les feüilles des arbres l'ardeur
& la fechereffe de l'Efté, fi l'in-
duftrie du Peintre n'avoit adroitement choifi le lieu le plus frais
pour fatisfaire au plaifir de la
veuë.

Car il a peint cét endroit fi
charmant & fi délicieux, où les
eaux du grand étang entretiennent toûjours verts les arbres
qui en font proche ; & en faifant voir le ciel & la terre comme dans vn miroir, il a trouvé
moyen de les enrichir encore par
l'image des fuperbes Baftimens
de ce magnifique Chafteau, que
l'on y voit d'vne maniére auffi
agréable que furprenante.

Il y a fur le devant du Tableau des gerbes de bled & des
fruits, qui font travaillez avec
beaucoup d'Art.

Apollon & Minerve font les Divinitez qui paroiffent en ce lieu,
affifes fur des nuages.

Apollon n'eft couvert que d'vn
manteau de pourpre rehauffé
d'or. Il eft couronné de laurier;
il a fon carquois fur le dos, &
tient fa lire d'vne main. L'on
voit prés de luy divers inftrumens qui fervent aux arts, principalement à l'Architecture, à la
Sculpture, & à la Peinture.

Minerve a vn cafque en tefte.
Ce cafque eft d'argent furmonté
d'vn Sphinx d'or, que de grandes
plumes blanches ombragent avec
beaucoup de grace. Sa robbe eft
d'vn bleu pafle rehauffé d'or, &
fon manteau d'vn bleu celefte ren-
foncé de pourpre. Son eftomac eft
couvert d'vne efpece de plaftron
fait d'écailles, fur lequel on voit
fon Egide, & auprés d'elle il pa-
roît quelque commencement d'ouvrage de Tapifferie.

Ces deux Divinitez tiennent vn Tableau en ovale, où le Louvre est peint avec les differens ouvriers qui le bastissent. Cette ovale est environnée des fleurs de la Saison.

Apollon est consideré icy comme celuy qui préside aux Bastimens & à l'Esté. Minerve qui préside aux Arts l'accompagne, à cause de l'embelissement qu'elle apporte aux bastimens par les Tapisseries, & les autres ouvrages qu'elle fait faire aux ouvriers qu'elle conduit & qu'elle enseigne.

La beauté, la grace, & la majesté qui éclatent sur les visages de ces deux Divinitez font les signes visibles des favorables influences qu'elles nous promettent. Et comme le Roy n'a establi la Paix dans l'Europe que pour rendre ses peuples plus heureux , & leur donner moyen de s'employer dans ces nobles occupations qui marquent la felicité de son regne, on a voulu representer dans cette Saison de l'Esté Apollon & Minerve, qui président aux Sciences & aux Arts, pour figurer comme Sa Majesté, dans la force de son âge, & dans l'Esté de ses jours, s'il faut ainsi dire, s'emploie à embellir la France de magnifiques travaux, & à rendre ses peuples capables de faire les plus riches Ouvrages qui ayent jamais paru parmi toutes les autres nations.

Les Poëtes ont feint que Laomedon fit travailler Apollon & Neptune à bastir la ville de Troie comme de simples ouvriers, parce que ce Prince enleva les tresors qui estoient dans les Temples de ces Divinitez, pour fournir à la dépense de ses superbes desseins ; impiété qui attira sur luy la colere de Neptune, dont les eaux inonderent tous les environs de Troie.

L'on fçait bien de quelle forte S. M. fe conduit dans les dépenfes fi raifonnables & fi bien reglées qu'Elle fait pour l'embelliffement de fes Maifons. La pofterité n'ignorera pas que travaillant moins pour fa fatisfaction particuliére que pour la gloire de l'Eftat, & l'vtilité de fes Sujets, Elle ne fait toutes fes dépenfes que des deniers ordinaires de fon trefor; & bien loin d'imiter ce facrilege Prince, qui pilla les Temples des Dieux pour baftir fa ville ; Elle emploie fes revenus à acquerir des villes pour en conferver les Temples, & pour empefcher qu'ils ne foient foüillez par des profanes. Elle les fait fervir à foulager les pauvres , à retirer les miferables de captivité, à fecourir fes alliez, à fortifier

fier

fier les frontieres de l'Eftat, à accroiftre & embellir les Palais de ses prédeceffeurs, & enfin à maintenir par de continuels travaux les peuples dans l'occupation, & dans l'exercice, de crainte que la douceur de la Paix ne les faffe tomber dans vne oifiveté, & dans vne moleffe capable de les corrompre.

Apollon & Minerve eftant les Divinitez qui préfident aux beaux Arts, & à tous les exercices de l'efprit ; & ces Divinitez eftant préfentement chaffées de la Grece, on peut dire à voir l'affection que S. M. a pour tous les Arts illuftres, & les liberalitez qu'Elle fait à tous ceux qui les cultivent, qu'en bâtiffant fon Palais, Elle bâtit vne retraite à Apollon & à Minerve ; & c'eft le fens qu'on peut tirer de ces paroles écrites dans l'ovale que tiennent ces deux Divinitez.

I

TVM SIBI, TVM VOBIS.

Et de ces vers Latins, qui sont
au bas de la bordure sur vne table de lapis.

EXCELSAS LODOÏCI ÆDES ORNA-
TE TROPHÆIS,
AONIDVM DVCTOR, FILIA TV-
QVE JOVIS.
DVM FERA BARBARIES CAMPIS
VOS PELLIT ACHIVIS,
TVM SIBI, TVM VOBIS EXTRVIT
ILLE DOMVM.

CARPENTARIVS.

ET POVR VOVS, ET POVR LVY.

Sçavantes Deïtez qu'adoroit le Par-
naſſe,
Soyez de ce Palais l'ornement &
l'appuy :
Tandis que de la Grece vn fier tyran
vous chaſſe,
Lovis bâtit ſon Louvre, & pour
vous, & pour luy.

CHARPENTIER.

Mais on peut dire de plus, que si dans cette Peinture Apollon & Minerve ont quelque signification particuliere, & qui ait rapport à quelques-vnes des vertus du Roy, c'est qu'en effet ces deux Divinitez representent parfaitement bien l'activité & la sagesse de S. M. non seulement à acquerir les vertus necessaires à vn grand Monarque, mais aussi à pratiquer ces mesmes vertus.

C'estoit vne maxime des Philosophes anciens, que celuy qui recherche la connoissance des choses, & qui ne travaille pas à les mettre en pratique, ne merite point le nom de Sage, voulant que l'action soit toûjours jointe à la connoissance, & que l'on s'emploie sans cesse, ou à faire du bien aux autres, ou à en acquerir pour soy-mesme.

C'est pourquoy Minerve est mise icy fort à propos pour ac-

compagner Apollon, car elle ne
fut furnommée Tritonienne, que
pour avoir propofé trois enfei-
gnemens neceffaires pour vivre
heureufement ; fçavoir bien con-
feiller, bien juger, & bien faire.

Quelles plus belles images
pourroient dignement reprefenter les heroïques Vertus de noftre
grand Monarque ? Ne fçait-on
pas avec combien de lumiere &
de penetration il agit dans fes
confeils ; avec combien d'équité
& de fageffe il juge de toutes
chofes, & avec combien de bonté & de rigueur il fe porte à faire
du bien à tout le monde ?

Ne voit-on pas encore avec
quel foin il travaille à ne rien
ignorer de tout ce qu'vn grand
Roy doit fçavoir, & de quelle
forte il pratique fi parfaitement
ce qu'il a appris, je ne dis pas
feulement dans les Arts & dans
les Sciences qui font communes

à tous les autres hommes, mais
je dis dans cette haute Science,
& dans ce grand Art de regner,
dont S. M. a des connoissances
si élevées & si extraordinaires,
qu'Elle est le modelle de tous les
plus grands Princes d'aujourd'huy,
comme Elle sera l'admiration de
ceux qui viendront vn jour.

Les quatre Devises qui sont
aux quatre coins de la bordure,
expriment assez bien ces hautes
qualitez qu'on admire dans son
auguste personne. Elles sont disposées comme celles du Primtemps. La premiére qui est en
haut, & qui regarde la Saison de
l'Esté, a pour corps vne Gerbe
de bled, & pour ame ces paroles :

VITÆ MELIORIS IN VSVM.

Le bled que la Saison de l'Esté
produit ayant succedé au gland,
dont les premiers hommes se

nourriſſoient, a rendu la vie plus agréable qu'elle n'eſtoit auparavant ; l'on peut dire de meſme que S. M. a eſté donnée à la France pour rendre ſes habitans plus heureux qu'ils n'ont jamais eſté.

Quoy que la fable ait raconté
Du regne de Saturne, où plein de
liberté
Chacun vivoit content au gré de ſon
envie ;
Je fais que les mortels bien plus heu-
reux encor,
Menent vne plus douce vie
Qu'aux premiers jours du ſiécle
d'or.

PERRAVLT.

La ſeconde eſt vn lys ſur ſa tige, avec ces mots :

CANDORE OMNIA VINCIT.

Le lys ſurpaſſe toutes les fleurs en blancheur ; ce qui ſignifie dans

.le sens figuré, que le Roy par la
candeur de son ame & de sa conduite surpasse tous les hommes.

Rejetton glorieux d'une tige sublime,
Je monte vers le Ciel d'un effort
magnanime,
Et brille d'un éclat qui n'a rien d'em-
prunté :
Rien de ce que je suis aux mortels
ne se cache,
Mon front toûjours ouvert außi bien
que sans tache
Sert de parfait symbole à la sincerité.

CHARPENTIER.

Pour les deux Devises du bas
de la bordure, qui ont rapport
aux bastimens, qui sont les divertissemens d'Esté, on a representé
dans la premiére vne Equiére
avec ce mot :

DIRIGIT OBLIQVA.

L'Equiére est vn instrument
d'Architecture, qui redresse toutes

les fautes, S. M. ne reforme-t-elle pas tous les abus qui s'étoient glissez dans l'Estat?

Sur la droite raison s'établit ma
* puiſſance,*
Pour combatre en tous lieux l'er-
* reur & l'ignorance,*
Que ma ſincerité ne peut diſſimuler;
Je découvre l'abus quelque part qu'il
* ſe gliſſe;*
Et ſans jamais gauchir j'exerce vne
* juſtice,*
*   Dont nul ne ſçauroit appeller.*

CHARPENTIER.

L'autre eſt vn Alcion baſtiſ-
fant ſon nid dans la mer; les paroles ſont:

MIRATVR NATVRA SILENS.

Quand l'Alcion baſtit, toute
la nature eſt en paix, & ſemble
n'eſtre ainſi tranquille que pour
admirer l'édifice merveilleux qu'il
confie aux flots de la Mer.

On peut dire de mesme que lors
que S. M. a repris le Bastiment du
Louvre, & de ses autres Maisons
Royales, toute l'Europe s'est te-
nuë en paix, pour admirer la
magnificence de ses superbes Edi-
fices.

Lors que de l'édifice où je dois ha-
    biter,
       Et que le temps doit respecter,
J'entreprens la structure à nulle au-
    tre pareille ;
La nature s'impose vne profonde
    paix,
Pour mieux considerer l'incroiable
    merveille ;
    Du Bastiment que je me fais.

PERRAVLT.

L'AUTOMNE.

LE troisiéme Tableau represente la Saison de l'Automne. On voit dans l'éloignement
du païsage le Chasteau de S. Germain ; & sur le devant il y a de
grands arbres entourez de vignes,
& chargez de divers fruits d'vne
beauté & d'vne grosseur extraordinaire. On voit mesme de ces
fruits qui sont épandus sur la terre, auprés de quelques instrumens
propres à l'Agriculture.

Bacchus & Diane sont assis sur
des nuages, & tiennent vn Tableau en ovale entouré de diverses fleurs.

On a peint dans cette ovale
vne chasse, qui est le divertisse-
ment le plus convenable à la
Saison.

Bacchus est couvert d'vne peau
de Tigre, & d'vn manteau d'écar-

late ; il eft couronné de feuïlles de pampre & de lierre, & tient vn tirſe dans ſa main.

Quant à Diane, elle eft veſtuë d'vne robbe bleuë, & d'vn manteau rouge rehauſſé d'or ; on voit à ſes pieds les divers inſtrumens neceſſaires à la chaſſe.

Si l'on prend quelquefois Bacchus pour le Dieu de la débauche, il eft néanmoins tres-ſouvent conſideré tout d'vne autre maniére. Car les Poëtes l'ont pris pour le Soleil, que les Egyptiens adoroient ſous le nom d'Oſiris. Et il eft peint icy pour la Divinité qui préſide à cette Saiſon, dans laquelle il fait largeſſe de ſes fruits, que l'on a ſi long-temps attendus, & pour leſquels on a travaillé durant toute l'année.

Comme Diane a beaucoup de part à la fecondité de la terre, par les douces influences qu'elle y répand ; on l'a auſſi repreſentée, non pas avec de groſſes mammelles, comme on la voyoit autrefois à Epheſe, mais avec ſon habit de chaſſereſſe, parce qu'aprés avoir contribué à l'abondance, & à la maturité des fruits, c'eſt dans cette Saiſon qu'elle favoriſe encore ceux qui aiment la chaſſe, & que dans ce temps-là on peut dire que ſi Bacchus rend les feſtins délicieux par les breuvages agréables qu'il fournit, Diane de ſon coſté n'y contribuë pas peu, par les viandes les plus délicates dont elle aide à couvrir les tables.

Si cette Peinture repreſente bien les occupations de S. M. qui ſont toûjours mêlées d'exercices laborieux , & le travail, dont ſes divertiſſemens meſmes ſont accompagnez ; Elle eſt encore vne image de cette grande conduite , que nous admirons

fans ceſſe dans ſa maniére de gouverner.

Et certes , en repreſentant les
plus hauts myſtéres que les anciens ont cachez ſous le voile de
la fable, il n'eſt pas malaiſé d'en
tirer vne allégorie pleine de verité, qui ait rapport à toutes les
actions de S. M. puiſque tant de
vertus qui éclatent en Elle ſont
les meſmes vertus pour leſquelles l'antiquité dreſſoit des autels,
& qu'elle adoroit ſous divers
noms & ſous diverſes images.

Si Bacchus eſtoit pris pour le
Soleil, peut-on choiſir vne plus
belle image pour repreſenter cette continuelle activité avec laquelle S. M. travaille à mettre toutes choſes dans leur derniére perfection ? Le nom meſme de LIBER
que les Latins luy donnoient, ne
convient-il pas à vn Roy, dont
le titre le plus glorieux eſt de
commander à des peuples, qui

fur toutes les autres nations ont toûjours confervé leur liberté?

On a écrit dans l'ovale que tiennent ces deux Divinitez :

QVIS MELIORA DABIT?

Car fi on peut dire avec beaucoup d'apparence que Bacchus & Diane font les délices de la vie, puifque l'vn nous donne les plus charmantes liqueurs qui fe boivent, & l'autre les metz les plus exquis qui fe fervent fur les meilleures tables, & qu'ainfi il femble qu'il n'y ait rien de meilleur que leurs prefens ; on peut encore bien mieux dire que S. M. en répandant fes liberalitez fur les Gens de merite extraordinaire en toutes fortes de profeffions, fait des prefens plus nobles & plus excellens, puis qu'ils nourriffent l'amour de la vertu dans l'efprit des hommes, au lieu que les prefens de ces Divinitez n'y entretien-

nent le plus souvent que l'amour
de la débauche. C'est ce qui est
encore exprimé tres-élegamment
dans ces vers qui sont au bas
du Tableau :

DELIA NVNC DAPIBVS MENSAS
   ONERABIT INEMPTIS,
  BACCHE MERVM FVNDES;
  QVIS MELIORA DABIT?
TV DIVVM SOBOLES, LODOÏX,
  QVI DIVITE DEXTRA
VIRTVTI EXIMIÆ MVNERA
LARGA PARAS.
CARPENTARIVS.

QVELS PRESENS VALENT MIEVX?

De mets délicieux Diane nous re-
  gale,
Bacchus de ses bons vins ; quels
  presens valent mieux?
Ce font les tiens, Grand Roy, dont
  la main liberale
Répand sur la vertu tes bienfaits
  glorieux.
CHARPENTIER.

Les quatre Devises qui ornent
les coins de cette Tapisserie ont
aussi rapport à la Saison, & aux
divertissemens.

La premiere qui regarde la Saison est vne grenade, qui a pour
mot :

Præstant interna Coronæ.

Comme la grenade est encore
plus estimable par les grains
qu'elle renferme en elle-mesme
que par la couronne qu'elle porte,
on peut dire aussi de S. M. qu'Elle est encore plus considerable
par ses vertus, & par les grandes
qualitez de son ame, que par l'é-
clat de sa Couronne , & par la
qualité de Monarque.

Quelque avantage que me donne
La royale Couronne
Dont mon front est paré;
Toutefois ce beau diadême
Ne sçauroit estre comparé

*Aux trefors infinis que j'enferme
en moy-mesme.*

PERRAVLT.

La seconde Devise est composée d'vn sep de cette vigne
qu'on appelle de Virginie , qui
estant planté au pied d'vne grande pyramide la couvre toute de
ses feüilles , & croist encore au-
de-là. L'ame de ce corps est :

CRESCIT IN IMMENSVM.

Cette espece de plante croist
effectivement à l'infini. Et le
sens figuré regarde la bonne fortune , & la puissance de S. M. qui
n'ont point de bornes.

*Vn progrés sans pareil a suivi ma
  naissance ,
Par vne merveilleuse & secrette
  puissance
    On me voit élever toûjours ;
    Il n'est obstacle ny limites*

Qui puiſſent retarder mes démar-
ches ſubites,
    Ny qui puiſſent borner mon
cours.

C H A R P E N T I E R.

Des deux autres qui ſont pour
le divertiſſement de la chaſſe, la
premiere eſt vn cor de chaſſe,
avec ces paroles :

D V C I T E T E X C I T A T A G M E N.

Le cor aſſemble, conduit, &
encourage toute la meute, en
ſorte qu'il eſt comme l'ame de
toute la chaſſe. Ainſi S. M. eſt
comme l'ame de tout ſon Royaume, & particuliérement de ſes
armées, qui n'ont de mouvement
que celuy qu'Elle leur donne.

    Si-toſt que je me fais en-
tendre,
    Tous prés de moy viennent
ſe rendre,
Et par eux auſſi-toſt mes ordres
ſont ſuivis ;

J'allume dans leurs cœurs le desir
  de la gloire,
    Et pour remporter la victoire,
    Je les anime & les conduis.

PERRAVLT.

La seconde est vn Faucon qui fond sur sa proye, & ces mots:

ET FVLMINIS OCIOR ALIS.

Ce demy vers de Virgile, qui est d'vn homme fort agile à la course, marque fort bien aussi la propriété du Faucon, que l'on a toûjours estimé estre celuy de tous les Oiseaux qui vole le plus vîte ; tellement qu'Homere pour exprimer des chevaux tres-legers les appelle plus vîtes que des Faucons. Le sens de cettte Devise fait assez comprendre la promptitude de S. M. à exécuter tout ce qu'il luy plaira d'entreprendre.

Lors que le combat m'est permis,
Et qu'à perdre mes ennemis
Leur mauvais sort m'a fait re-
*   soudre,*
Je fonds sur eux d'vn mouve-
*   ment*
Aussi terrible que la foudre,
Et plus rapide que le vent.

CHARPENTIER.

L'HYVER.

LE Louvre est la Maison re-presentée dans le Tableau de l'Hyver. On voit la grande Galle-rie, & les gros Pavillons, qui décorent ce superbe Palais de la sorte qu'ils paroissent lors qu'on entre dans Paris par la Porte de la Conference. L'air épais de va-peurs, la riviere chargée de gla-çons, & la terre couverte de fri-mats, marquent assez les jours desagréables de cette Saison. On voit mesme sur le devant du Ta-

bleau, ces grands arbres du Coûrs,
qui fecs, & dépoüillez de verdure,
femblent eftre demy morts.

Saturne & Hebé font affis fur
des nuages. L'on a choifi le premier pour préfider à l'Hyver, à
caufe de fa froideur naturelle ; &
on luy a donné Hebé Déeffe de
la jeuneffe, pour préfider aux divertiffemens qui doivent corriger
& adoucir la mélancolie de cette
Saifon.

Saturne eft peint comme vn
vieillard qui a de grandes ailes
au dos, ainfi qu'on a de coûtume de le reprefenter. Il a le
corps prefque nud, n'eftant veftu
qu'à demy d'vn grand manteau
orangé rehauffé d'or. D'vne main
il tient vne horloge de fable, &
de l'autre vn Tableau en ovale
environné des fleurs de la Saifon,
dans lequel eft peint vn de ces
grands balets à machines qui
ont efté danfez par S. M.

Pour Hebé elle a la gorge découverte, & les bras nuds ; sa
robbe est d'vn incarnat rehaussé
d'or, son manteau est de drap
d'or. Elle tient vne coupe d'vne
main, & de l'autre vn grand vase
d'or rempli de cette liqueur dont
elle rajeunit les Dieux.

L'on ne peut bien comprendre le sens de toutes ces figures,
qu'on ne voie aussitost qu'elles
sont mises icy pour montrer que
S. M. travaille de telle sorte pendant tout le cours de l'année au
bien de ses Sujets, que dans la
Saison mesme la plus fâcheuse
Elle a soin d'en adoucir ce qu'il
y a de plus rude par des divertissemens & des spectacles agréables.
Il semble qu'en leur procurant
ces magnifiques jeux pour les
délasser de leurs travaux, Elle
les rajeunit, & leur fait perdre
le souvenir de leurs fatigues pas-
sées.

Que ſi le Roy prend auſſi quelque part à ces paſſetemps , c'eſt
ſans rien perdre des heures qu'il
deſtine à ſes occupations plus
importantes , dont tous les mo-
mens ſont ſi bien reglez , qu'on
n'a pû les mieux figurer, qu'en
repreſentant Saturne avec vne
horloge, parce qu'en effet il n'y
a rien de mieux meſuré que toutes les actions de S. M.

Mais comme le travail doit toûjours eſtre interrompu par quelque repos, ce repos doit eſtre compoſé de quelque divertiſſement
honneſte, qui donne de nouvelles
forces à l'eſprit. C'eſt pourquoy
les Poëtes ont feint qu'Hebé fut
donnée pour femme à Hercule,
aprés qu'il eut eſté mis au rang
des Dieux, parce qu'en effet les
grands hommes trouvent vn repos glorieux aprés leur mort, ou
plûtoſt ne meurent point , mais
recommencent vne nouvelle vie,

lors qu'ils ont quitté la terre pour monter au Ciel.

Dans le Tableau que Saturne tient, l'on a écrit :

JVNCTA JVVENTVTI PRVDENTIA.

Et dans la bordure d'en bas.

HINC SATVRNVS ADEST LODOÏ-
CO, HINC NOBILIS HEBE,
HANC FACIE, HVNC ANIMO
CONSILIOQVE REFERT.
JVNCTA JVVENTVTI PRVDENTIA
SVMMA SENECTÆ,
AVT SIMILES DIVIS, AVT FACIT
ESSE DEOS.

CARPENTARIVS.

Pour faire entendre que ces deux qualitez admirables & si rares à trouver ensemble, la Prudence & la Jeunesse, se rencontrent en S. M. qui prenant part, comme je viens de dire aux divertissemens que le repos de l'Hyver permet de prendre, ne diminue rien pour cela de son infatigable

application

application aux affaires ; ce qui
la fait admirer de toute la terre,
& l'éleve au deſſus de la condition ordinaire des hommes.

PRVDENCE AVEC JEVNESSE.

Les plaiſirs innocens, l'amour de la
  ſageſſe,
De Lovïs tour à tour partagent le
  repos ;
Joindre tant de prudence au feu de
  la jeuneſſe,
C'eſt la marque des Dieux, ou celle
  des Heros.

CHARPENTIER.

Aux quatre coins ſont quatre
Deviſes. La premiére pour l'Hyver eſt vne fleur nommée Perce-
neige, avec ce mot :

NIL FLORERE VETAT.

Cette fleur s'épanoüit au milieu
de la neige, & malgré les rigueurs
de l'Hyver : ce qui peut ſe dire de

K

la gloire du Roy, que tous les ob-
ftacles ne peuvent empefcher d'é-
clater, & qui fleurit au milieu
des difficultez.

> *Ce n'eft qu'aux Saifons favorables*
> *Que l'on voit mes femblables,*
> *Par leur brillant éclat les regards*
> *attirer;*
> *Pour moy qui ne voit point d'affez*
> *fort adverfaire,*
> *C'eft dans le temps le plus contraire*
> *Que je fleuris le plus, & me fais ad-*
> *mirer.* CHAPELAIN.

La feconde fur le mefme fujet
eft vn foyer plein d'vn feu allumé, avec ces paroles :

TEMPVS DVLCESCIT AB ILLO.

Comme pendant l'Hyver le plus
afpre, vn foyer plein de feu
adoucit la rigueur de la Saifon;
ainfi dans les plus mauvais effets
de l'inclemence de l'air & des

Elemens qui ſont cauſe quelquefois de la ſterilité de la terre,
S. M. adoucit & repare le mal-
heur de ces temps fâcheux,
comme Elle en donna vn exemple memorable durant la famine,
où elle aſſiſta ſes peuples avec
vne bonté paternelle, & vne magnificence royale.

Lors qu'vn temps ennemy du bonheur de la terre
      Luy déclare la guerre,
Et par mille rigueurs s'oppoſe à ſon
   deſir;
Je viens avec ardeur ſecourir la nature:
Des cruelles Saiſons je repare l'injure,
Et comble les humains de joye &
   de plaiſir.

Cassagnes.

Les deux autres Deviſes regardent les Balets, les Machines &

K ij

les Comedies, qui font les divertiffemens de l'Hyver.

La premiére eft vn Amphitheatre, qui a pour ame:

DELICIÆ POPVLI.

Les Spectacles & les Comedies eftoient tellement les délices du peuple Romain, que Juvenal dit que ce peuple ne demandoit que deux chofes, *Panem & Circenfes.* On peut dire que le Roy eft aujourd'hui les délices de fon Peuple, qui eft vne Epithete qu'on a fouvent donnée aux bons Princes tels que S. M.

> *Le peuple m'aime avec tendreffe,*
> *Ne me voit qu'avec allegreffe,*
> *Et par mille applaudiffemens,*
> *Qui de fa paffion font d'affûrez indices.*
> *Me fait connoiftre à tous momens*
> *Que je fuis de fon cœur les plus cheres délices.*

PERRAVLT.

La seconde est vne machine
garnie de roües & de cordages,
semblable à celles dont on se sert
sur les theatres, pour faire mou-
voir quelque corps en l'air. Les
paroles sont:

Natvram svperat.

Une machine par ses mouvemens surprend & charme les
Spectateurs, & surpasse les effets
ordinaires de la nature. Ainsi
S. M. par ses vertus & ses actions
heroïques étonne & ravit tous
ceux qui en sont les témoins, &
surpasse les forces naturelles, &
la portée ordinaire des hommes.

Quel merveilleux objet, quel au-
   guste miracle,
Par son rapide cours surmontant
  tout obstacle
    Ravit les yeux & les esprits?
D'vn art victorieux sa force est ani-
  mée,

K iij

Et de ses mouvemens la nature charmée
L'admire & luy cede le prix.

CASSAGNES.

Quand je considere ces ouvrages ; quand je pense aux misteres que ces rares Peintures, & ces Devises enferment ; & quand je voy avec quelle promptitude toutes ces belles choses sont exécutées , je douterois volontiers si des hommes peuvent representer avec tant de beauté, & mettre au jour en si peu de temps des travaux si grands & si accomplis. Mais d'ailleurs quand je me souviens que c'est pour le Roy que l'on travaille, que j'envisage toutes les autres grandes choses que S. M. fait tous les jours, & que je songe en mesme-temps que ces illustres ouvrages sont conduits par les lumiéres d'vn Ministre vigilant & actif, qui a

-tant d'amour pour la gloire de ſon Maiſtre, qu'il n'y a difficulté qu'il ne ſurmonte par l'ardeur de ſon zele, & par la force de ſon eſprit, & que ce ſont ſes penſées qui ſont adroitement recueïllies par ceux qui exécutent ſes ordres ; je ceſſe auſſi-toſt de m'étonner, & j'admire ſeulement combien cét amour eſt ingenieux à publier par tout en tant de maniéres les loüanges deuës à S. M.

Ces Peintures admirables, & ces riches Tapiſſeries, où l'on repreſente avec tant d'art les actions heroïques de S. M. ne ſeront-elles pas à jamais d'illuſtres marques des grandes choſes qui rendent ſon regne éclatant ?

Ces dépenſes, ſont des dépenſes non ſeulement glorieuſes à la memoire d'vn grand Monarque, mais avantageuſes à la Monar-

chie. Quand vn Roy ne confidere que la gloire de fon Royaume, & le bien de fes peuples ;
il eft dans le corps de l'Eftat
comme le cœur dans le corps de
l'homme, où par yne circulation
continuelle il envoie dans tous
les membres qui le compofent
le fang neceffaire à leur donner
la vie. Il ne retient pour luy que
la puiffance de le bien diftribuer;
il agit fans ceffe, pour en conferver la chaleur, & le purifiant par
fon action, il luy donne les qualitez propres à les nourrir, & à
les conferver.

Qu'vn Royaume eft heureux,
dont le Prince fait ainfi écouler
fur fes Sujets les biens & les graces qu'ils en efperent, fortifiant
par l'affiftance de fes largeffes
& de fes liberalitez les plus foi-
bles, & empefchant que des
particuliers ne fe rempliffent du
bien des autres, & ne caufent

dans l'Eſtat des tumeurs dange-
reuſes & mortelles !

Toute la terre regarde la France comme ce Royaume fortuné,
puiſque le Prince qui la gouverne travaille ſi heureuſement à
répandre dans toutes ſes parties
vne égale abondance de biens
pour les faire ſubſiſter; puis qu'il
diſpenſe luy-meſme ſes treſors,
pour rétablir les peuples qui ont
ſouffert pendant que tout le ſang
de l'eſtat eſtoit retenu par des
membres qui en privoient les
autres; & puis qu'enfin il obli-
ge tout le monde à admirer des
vertus qui n'avoient point juſques
à preſent éclaté dans les autres
Princes.

FELIBIEN.

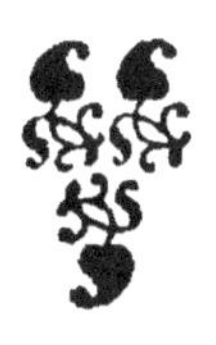

K v

RELATION

DE LA FESTE

DE

VERSAILLES.

Du 18. *Juillet* 1668.

RELATION

DE LA FESTE
DE
VERSAILLES.

Du 18. *Juillet* 1668.

LE Roy aiant accordé la Paix
aux instances de ses Alliez, &
aux vœux de toute l'Europe, &
donné des marques d'vne modé-
ration, & d'vne bonté sans exemple, mesme dans le plus fort de
ses Conquestes, ne pensoit plus
qu'à s'appliquer aux affaires de
son Roiaume, lors que pour re-
parer en quelque sorte ce que la

Cour avoit perdu dans le Carnaval pendant son absence, il resolut de faire vne Feste dans les jardins de Versailles, où parmy les plaisirs que l'on trouve dans vn sejour si délicieux, l'esprit fust encore touché de ces beautez surprenantes & extraordinaires, dont ce grand Prince sçait si bien assaisonner tous ses divertissemens.

Pour cét effet, voulant donner la Comédie ensuite d'vne collation, & le souper aprés la Comédie, qui fust suivi d'vn bal & d'vn feu d'artifice, il jetta les yeux sur les personnes qu'il jugea les plus capables, pour disposer toutes les choses propres à cela. Il leur marqua lui-mesme les endroits où la disposition du lieu pouvoit par sa beauté naturelle contribuer davantage à leur décoration. Et parce que l'vn des plus beaux ornemens de cette

Maison eſt la quantité des eaux, que l'art y a conduites malgré la nature qui les lui avoit refuſées, Sa Majeſté leur ordonna de s'en ſervir le plus qu'ils pourroient à l'embelliſſement de ces lieux, & meſme leur ouvrit les moiens de les emploier, & d'en tirer les effets qu'elles peuvent faire.

Pour l'exécution de cette Feſte, le Duc de Crequi, comme premier Gentilhomme de la Chambre, fut chargé de ce qui regardoit la Comédie ; le Maréchal de Bellefond, comme premier Maiſtre-d'Hoſtel du Roy, prit le ſoin de la collation, du ſouper, & de tout ce qui regardoit le ſervice des tables ; & Monſieur Colbert, comme Surintendant des Baſtimens, fit conſtruire & embellir les divers lieux deſtinez à ce divertiſſement Roial, & donna les ordres pour l'exécution des feux d'artifice.

Le sieur Vigarani eut ordre de dresser le theatre pour la Comédie ; le sieur Gissey d'accommoder vn endroit pour le souper ; & le sieur le Vau premier Architecte du Roy, vn autre pour le bal.

Le Mercredi dix-huitiéme jour de Juillet, le Roy estant parti de Saint Germain, vint dîner à Versailles avec la Reine, Monseigneur le Dauphin , Monsieur & Madame. Le reste de la Cour estant arrivé incontinent aprés midi , trouva des Officiers du Roy qui faisoient les honneurs , & recevoient tout le monde dans les salles du Chasteau , où il y avoit en plusieurs endroits des tables dressées, & dequoi se rafraîchir. Les principales Dames furent conduites dans des chambres particuliéres pour se reposer.

Sur les six heures du soir, le Roy aiant commandé au Marquis de Gesvres Capitaine de ses Gardes , de faire ouvrir toutes les portes, afin qu'il n'y euſt perſonne qui ne priſt part au divertiſſement, ſortit du Chaſteau avec la Reine , & tout le reſte de la Cour, pour prendre le plaiſir de la promenade.

Quand leurs Majeſtez eurent fait le tour du grand parterre, elles deſcendirent dans celui de gazon, qui eſt du coſté de la grotte; où aprés avoir conſideré les fontaines qui les embelliſſent , Elles s'arreſtérent particuliérement à regarder celle qui eſt au bas du petit Parc, du coſté de la pompe. Dans le milieu de ſon baſſin l'on voit vn Dragon de bronze , qui percé d'vne fléche, ſemble vomir le ſang par la gueule , en pouſſant en l'air vn bouïllon d'eau qui retombe en pluïe, & couvre tout le baſſin.

Autour de ce Dragon il y a quatre petits Amours ſur des Cignes, qui font chacun vn grand jet d'eau, & qui nagent vers le bord comme pour fe fauver. Deux de ces Amours, qui font en face du dragon, fe cachent le vifage avec la main pour ne le pas voir, & fur leur vifage l'on apperçoit toutes les marques de la crainte parfaitement exprimées. Les deux autres plus hardis, parce que le monftre n'eft pas tourné de leur cofté, l'attaquent de leurs armes. Entre ces Amours font des Dauphins de bronze, dont la gueule ouverte pouffe en l'air de gros bouillons d'eau.

Leurs Majeftez allérent enfuite chercher le frais dans ces bocquets fi délicieux, où l'épaiffeur des arbres empêché que le Soleil ne fe faffe fentir. Lors qu'Elles furent dans celuy, dont vn grand nombre d'agréables allées forme vne efpece de labyrinte, Elles arrivérent, aprés plufieurs détours, dans vn cabinet de verdure pentagone, où aboutiſſent cinq allées. Au milieu de ce cabinet il y a vne fontaine, dont le baſſin eſt bordé de gazon. De ce baſſin ſortoient cinq tables en maniére de buffets, chargées de toutes les choſes qui peuvent compoſer vne collation magnifique.

L'vne de ces tables repreſentoit vne montagne, où dans pluſieurs eſpéces de cavernes on voioit diverſes ſortes de viandes froides. L'autre eſtoit comme la face d'vn Palais baſty de maſſepains & paſtes ſucrées. Il y en avoit vne chargée de pyramides de confitures ſéches ; vne autre d'vne infinité de vaſes remplis de toutes ſortes de liqueurs ; & la derniére eſtoit compoſée de Caramels. Toutes ces tables, dont les plans eſtoient ingenieuſement formez en divers compartimens, eſtoient couvertes d'vne infinité

de choſes délicates, & diſpoſée
d'vne maniére toute nouvelle.
Leurs pieds & leurs doſſiers étoient
environnez de feüillages mêlez de
feſtons de fleurs, dont vne partie
eſtoit ſoûtenuë par des Bacchan-
tes. Il y avoit entre ces tables
vne petite plouſe de mouſſe verte,
qui s'avançoit dans le baſſin, &
ſur laquelle on voioit dans vn
grand vaſe vn oranger, dont les
fruits eſtoient confits. Chacun de
ces orangers avoit à coſté de luy
deux autres arbres de differentes
eſpeces, dont les fruits eſtoient
pareillement confits.

Du milieu de ces tables s'élevoit vn jet d'eau de plus de trente pieds de haut, dont la chûte
faiſoit vn bruit tres-agréable.
De ſorte qu'en voiant tous ces
buffets d'vne meſme hauteur, joints
les vns aux autres par les branches d'arbres & les fleurs dont ils
eſtoient revêtus, il ſembloit que

fuſt vne petite montagne, du ſaut de laquelle ſortiſt vne fon-ſaine.

La paliſſade qui fait l'enceinte ſe ce cabinet, eſtoit diſpoſée d'vne ſaniére toute particuliére. Le ſardinier ayant emploié ſon in-ſuſtrie à bien ploier les branches ſes arbres, & à les lier enſemble ſn diverſes façons, en avoit formé ſne eſpece d'architecture. Dans ſe milieu du couronnement on ſoioit vn ſocle de verdure, ſur ſequel il y avoit vn dé qui por-ſoit vn vaſe remply de fleurs. ſu coſté du dé, & ſur le meſme ſocle eſtoient deux autres vaſes de ſleurs; & en cét endroit le haut ſe la paliſſade venant doucement ſe s'arrondir en forme de galbe, ſe terminoit aux deux extrémitez ſar deux autres vaſes auſſi remplis ſe fleurs.

Au lieu de ſiéges de gazon il ſy avoit tout au tour du cabinet

des couches de melons, dont la
quantité, la grosseur, & la bonté
estoit surprenante pour la saison.
Ces couches estoient faites d'vne
maniére toute extraordinaire ; &
à bien considerer la beauté de ce
lieu, l'on auroit pû dire autrefois
que les hommes n'auroient point
eû de part à vn si bel arrangement,
mais que quelques Divinitez de
ces bois auroient emploié leurs
soins pour l'embellir de la sorte.

Comme il y a cinq allées, qui
se terminent toutes dans ce cabinet, & qui forment vne étoille,
l'on trouvoit ces allées ornées de
chacun costé de vingt-six arcades
de cyprés. Sous chaque arcade, &
sur des siéges de gazon il y avoit
de grands vases remplis de divers
arbres chargez de leurs fruits.
Dans la premiére de ces allées il
n'y avoit que des orangers de
Portugal. La seconde estoit toute
de bigarotiers & de cerisiers

mêlez enſemble. La troiſiéme eſtoit bordée d'abricotiers & de peſchers. La quatriéme de groiſilliers de Hollande. Et dans la cinquiéme l'on ne voioit que des poiriers de differente eſpece. Tous ces arbres faiſoient vn agréable objet à la veuë, à cauſe de leurs fruits, qui paroiſſoient encore davantage contre l'épaiſſeur du bois.

Au bout de ces cinq allées il y a cinq grandes niches de verdure, que l'on voit toutes en face du milieu du cabinet. Ces niches eſtoient cintrées; & ſur les pilaſtres des coſtez s'élevoient deux rouleaux, qui s'alloient joindre à vn quarré qui eſtoit au milieu. Dans ce quarré l'on voioit les Chiffres du Roy compoſez de differentes fleurs, & des deux coſtez pendoient des feſtons, qui s'attachoient à l'extrémité des rouleaux. A coſté de la niche il

y avoit deux arcades auſſi de verdure, avec leurs pilaſtres d'vn côté & d'autre; & tous ces pilaſtres
étoient terminez par des vaſes
remplis de fleurs.

Dans l'vne de ces niches eſtoit
la figure du Dieu Pan, qui aiant
ſur le viſage toutes les marques
de la joie, ſembloit prendre part
à celle de toute l'aſſemblée. Le
Sculpteur l'avoit diſpoſé dans vne
action, qui faiſoit connoiſtre qu'il
eſtoit mis là, comme la Divinité
qui préſidoit dans ce lieu.

Dans les quatre autres niches il
y avoit quatres Satyres, deux hommes & deux femmes, qui tous
ſembloient danſer, & témoigner le
plaiſir qu'ils reſſentoient de ſe
voir viſitez par vn ſi grand Monarque, ſuivi d'vne ſi belle Cour.
Toutes ces figures eſtoient dorées, & faiſoient vn effet admirable contre le verd de ces pa-
liſſades.

Aprés

Aprés que leurs Majeſtez eurent eſté quelque temps dans cét endroit ſi charmant, & que les Dames eurent fait collation, le Roy abandonna les Tables au pillage des gens qui ſuivoient, & la deſtruction d'vn arrangement ſi beau ſervit encore d'vn divertiſſement agréable à toute la Cour, par l'empreſſement & la confuſion de ceux qui démoliſſoient ces châteaux de maſſepain, & ces montagnes de confitures.

Au ſortir de ce lieu le Roi rentrant dans vne caléche, la Reine dans ſa chaiſe, & tout le reſte de la Cour dans leurs caroſſes, pourſuivirent leur promenade, pour ſe rendre à la Comédie ; & paſſant dans vne grande allée de quatre rangs de tilleuls, firent le tour du baſſin de la fontaine des Cygnes, qui termine l'allée Roiale vis-à-vis du Chaſteau. Ce baſſin eſt vn quarré long, finiſſant par deux demi-ronds. Sa longueur eſt de ſoi-xante toiſes ſur quarante de large. Dans ſon milieu il y a vne infi-nité de jets d'eau , qui réünis en-ſemble , font vne gerbe d'vne hau-teur , & d'vne groſſeur extraor-dinaire.

A coſté de la grande allée Roia-le, il y en a deux autres qui en ſont éloignées d'environ deux cens pas. Celle qui eſt à droit, en mon-tant vers le Chaſteau , s'appelle l'Allée du Roy; & celle qui eſt à gauche, l'Allée des Prez. Ces trois allées ſont traverſées par vne au-tre , qui ſe termine à deux grilles, qui font la cloſture du petit Parc. Ces deux Allées des coſtez , & celle qui les traverſe , ont cinq toiſes de large ; mais à l'endroit où elles ſe rencontrent, elles forment vn grand eſpace , qui a plus de treize toiſes en quarré. C'eſt dans cét endroit de l'allée du Roi que le ſieur Vigarani avoit diſpoſé le lieu de la Comédie. Le Theatre, qui avançoit vn peu dans le quarré de la place, s'enfonçoit de dix toifes dans l'allée qui monte vers le Chafteau, & laiffoit pour la Salle vn efpace de treize toifes de face fur neuf de large.

L'exhauffemet de ce Salon eftoit de trente pieds jufques à la corniche, d'où les coftez du plafond s'élevoient encore de huit pieds jufques au dernier enfoncement. Il eftoit couvert de feüillée par dehors, & par dedans paré de riches tapifferies, que le fieur du Mets Intendant des meubles de la Couronne avoit pris foin de faire difpofer de la maniére la plus belle & la plus convenable pour la décoration de ce lieu. Du haut du plafond pendoient trente-deux chandeliers de criftal, portant chacun dix bougies de cire blanche. Autour de la Salle eftoient plufieurs fiéges difpofez en amphitheatre, remplis de plus de douze cens perſonnes; & dans le parterre il y avoit encore ſur des bancs vne plus grande quantité de monde. Cette Salle eſtoit percée par deux grandes arcades, dont l'vne eſtoit vis-à-vis du Theatre, & l'autre du coſté qui va vers la grande allée. L'ouverture du Theatre eſtoit de trente-ſix pieds; & de chaque coſté il y avoit deux grandes colomnes torſes de bronze & de lapis, environnées de branches & de feüilles de vigne d'or. Elles eſtoient poſées ſur des pieds d'eſtaux de marbre, & portoient vne grande corniche auſſi de marbre, dans le milieu de laquelle on voioit les armes du Roi ſur vn cartouche doré, accompagné de trophées. L'architecture eſtoit d'ordre Ionique. Entre chaque colomne il y avoit vne figure. Celle qui eſtoit à droit repreſentoit la Paix, & celle qui eſtoit à gauche figuroit la Victoire ; pour montrer que sa Majesté est toûjours en estat de faire que ses peuples joüissent d'vne Paix heureuse & pleine d'abondance, en établissant le repos dans l'Europe ; ou d'vne victoire glorieuse & remplie de joye, quand Elle est obligée de prendre les armes pour soûtenir ses droits.

Lors que leurs Majestez furent arrivées dans ce lieu, dont la grandeur & la magnificence surprit toute la Cour ; & quand Elles eurent pris leurs places sur le haut Dais qui estoit au milieu du parterre, on leva la toile qui cachoit la décoration du Theatre : & alors les yeux se trouvant tout-à-fait trompez, lon crût voir effectivement vn jardin d'vne beauté extraordinaire.

A l'entrée de ce jardin l'on découvroit deux palissades si ingenieusement moulées, qu'elles formoient vn ordre d'architecture,

L iij

dont la corniche eſtoit ſoûtenuë par quatre termes, qui repreſentoient des Satyres. La partie d'en bas de ces termes, & ce qu'on appelle guaine, eſtoit de jaſpe, & le reſte de bronze doré. Ces Satyres portoient ſur leurs teſtes des corbeilles pleines de fleurs ; & ſur les pieds d'eſtaux de marbre, qui ſoûtenoient ces meſmes termes, il y avoit de grands vaſes dorez, auſſi remplis de fleurs.

Vn peu plus loin paroiſſoient deux terraſſes revétuës de marbre blanc, qui environnoient vn long canal. Aux bords de ces terraſſes il y avoit des maſques dorez, qui vomiſſoient de l'eau dans le canal ; & au deſſus de ces maſques on voioit des vaſes de bronze doré, d'où ſortoient auſſi autant de veritables jets d'eau.

On montoit ſur ces terraſſes par trois degrez ; & ſur la meſme ligne où eſtoient rangez les ter-

mes, il y avoit d'vn cofté & d'autre vne allée de grands arbres,
entre lefquels paroiffoient des cabinets d'vne architecture ruftique. Chaque cabinet couvroit vn
grand baffin de marbre, foûtenu
fur vn pied d'eftail de mefme matiére ; & de ces baffins fortoient
autant de jets d'eau.

Le bout du canal le plus proche eftoit bordé de douze jets
d'eau, qui formoient autant de
chandeliers ; & à l'autre extrémité
on voioit vn fuperbe édifice en
forme de dôme. Il étoit percé de
trois grands portiques, au travers
defquels on découvroit vne grande étenduë de Païs.

D'abord l'on vit fur le Theatre
vne collation magnifique d'oran-
ges de Portugal, & de toutes fortes de fruits, chargez à fond & en
pyramides, dans trente-fix corbeilles qui furent fervies à toute la
Cour par le Maréchal de Belle-

fond , & par plusieurs Seigneurs, pendant que le sieur de Launay Intendant des menus plaisirs & affaires de la Chambre donnoit de tous costez des imprimez, qui contenoient le sujet de la Comédie & du Balet.

Bien que la Piéce qu'on representa doive estre considerée comme vn *Impromptus*, & vn de ces ouvrages où la necessité de satisfaire sur le champ aux volontez du Roy ne donne pas toûjours le loisir d'y apporter la derniére main, & d'en former les derniers traits; néanmoins il est certain qu'elle est composée de parties si diversifiées & si agréables, qu'on peut dire qu'il n'en a guere paru sur le Theatre de plus capable de satisfaire tout ensemble l'oreille & les yeux des spectateurs. La prose dont on s'est servi est vn langage tres-propre pour l'action qu'on represente ; & les vers qui se chantent entre les Actes de la Comédie conviennent si bien au sujet, & expriment si tendrement les passions, dont ceux qui les recitent doivent estre émûs, qu'il n'y a jamais rien eû de plus touchant. Quoi qu'il semble que ce soit deux Comédies que l'on jouë en mesme temps, dont l'vne soit en prose, & l'autre en vers ; elles sont pourtant si bien vnies à vn mesme sujet, qu'elles ne font qu'vne mesme piéce, & ne representent qu'vne seule action.

L'ouverture du Theatre se fait par quatre Bergers * déguisez en valets de Festes, qui accompagnez de quatre autres Bergers * qui jouënt de la flûte, font vne danse, où ils obligent d'entrer avec eux vn riche Païsan qu'ils rencontrent, & qui mal satisfait de son mariage, n'a l'esprit rempli que de fâcheuses pensées. Aussi l'on voit qu'il se retire bien-tost de

Beauchamp, S. André, La Pierre, Favier. *Descouteaux, Philbert, Iean & Martin Hotterre.*

leur compagnie, où il n'a de-
meuré que par contrainte.

 * Climene & * Cloris, qui font
deux Bergeres amies, entendant
le fon des flûtes, viennent joindre leurs voix à ces inftrumens,
& chantent :

* Mlle Hy-
laire.

* Mlle Des
Fronteaux.

L'Autre jour d'Annette
J'entendis la voix,
Qui fur la mufette
Chantoit dans nos bois :
Amour, que fous ton empire
On fouffre de maux cuifans !
Je le puis bien dire,
Puifque je le fens.

La jeune Lifette,
Au mefme moment,
Sur le ton d'Annette
Reprit tendrement :
Amour, fi fous ton empire
Je fouffre des maux cuifans,
C'eft de n'ofer dire
Tout ce que je fens.

*Tircis & *Philene Amans de
ces deux Bergéres , les abordent,
pour les entretenir de leur paſſion , & font avec elles vne Scene en muſique.

* *Blondel.*
* *Gaye.*

Cloris.

Laiſſez-nous en repos, Philene.

Climene.

Tircis , ne vien point m'arreſter.

Tircis & Philene.

Ah, belle inhumaine !
Daigne vn moment m'écouter.

Climene, & Cloris.

Mais, que me veux-tu conter ?

Les deux Bergers.

Que d'vne flâme immortelle
Mon cœur brûle ſous tes loix.

Les deux Bergéres.

Ce n'eſt pas vne nouvelle,
Tu me l'as dit mille fois.

Philene.

Quoy ! veux-tu toute ma vie
Que j'aime, & n'obtienne rien ?

Cloris.

Non, ce n'eſt pas mon envie :

L vj

N'aime plus, je le veux bien.
Tircis.
Le Ciel me force à l'hommage,
Dont tous ces bois sont témoins.
Climene.
C'est au Ciel, puis qu'il t'engage,
A te payer de tes soins.
Philene.
C'est par ton merite extrême
Que tu captives mes vœux.
Cloris.
Si je merite qu'on m'aime,
Je ne dois rien à tes feux.
Les deux Bergers.
L'éclat de tes yeux me tuë.
Les deux Bergeres.
Détourne de moy tes pas.
Les deux Bergers.
Je me plais dans cette veuë.
Les deux Bergéres.
Berger, ne t'en plains donc pas.
Philene.
Ah ! belle Climene.
Tircis.
Ah ! belle Cloris.

Philene.

Ren-la pour moy plus humaine.
Tircis.

Dompte pour moy ses mépris.
Climene à **Cloris.**

Sois sensible à l'amour que te porte
Philene..

Cloris à **Climene.**

Sois sensible à l'ardeur dont Tircis
est épris.

Climene.

Si tu veux me donner ton exemple,
Bergere,
  Peut-estre je le recevray.
Cloris.

Si tu veux te résoudre à marcher la
premiére,
  Possible que je te suivray.
Climene à **Philene.**

Adieu Berger.
Cloris à **Tircis.**

Adieu, Berger.
Climene.

Atten vn favorable sort.

Cloris.

Atten vn doux succés du mal qui te possede.

Tircis.

Je n'attens aucun remede.

Philene.

Et je n'attens que la mort.

Tircis & Philene.

Puis qu'il nous faut languir en de tels déplaisirs,

Mettons fin en mourant à nos tristes soûpirs.

Ces deux Bergers se retirent l'ame pleine de douleur & de desespoir, & ensuite de cette Musique commence le premier Acte de la Comédie en prose.

Le sujet est qu'vn riche Païsan s'estant marié à la fille d'vn Gentilhomme de campagne, ne reçoit que du mépris de sa femme, aussi bien que de son beaupere & de sa bellemere, qui ne l'avoient pris pour leur gendre qu'à cause de ses grands biens.

Toute cette Piéce eſt traitée de la meſme ſorte , que le ſieur de Moliére a de coûtume de faire ſes autres Piéces de Theatre ; c'eſt à dire, qu'il y repreſente avec des couleurs ſi naturelles le caractére des perſonnes qu'il introduit , qu'il ne ſe peut rien voir de plus reſſemblant que ce qu'il a fait, pour montrer la peine & les chagrins où ſe trouvent ſouvent ceux qui s'allient au deſſus de leur condition. Et quand il dépeint l'humeur & la maniére de faire de certains nobles Campagnards,il ne forme point de traits qui n'expriment parfaitement leur veritable image. Sur la fin de l'Acte le Païſan eſt interrompu par vne Bergére , qui lui vient apprendre le deſeſpoir des deux Bergers : mais comme il eſt agité d'autres inquiétudes, il la quitte en colére, & Cloris entre, qui vient faire vne plainte ſur la mort de ſon Amant.

AH, mortelles douleurs !
Qu'ai-je plus à prétendre ?
Coulez, coulez mes pleurs,
Je n'en puis trop répandre.

Pourquoi faut-il qu'vn tyrannique
honneur
Tienne noſtre ame en eſclave aſſer-
vie ?
Helas ! pour contenter ſa barbare ri-
gueur,
J'ai reduit mon Amant à ſortir de
la vie.
Ah, mortelles douleurs !
Qu'ai-je plus à prétendre ?
Coulez, coulez mes pleurs,
Je n'en puis trop répandre.

Me puis-je pardonner dans ce fu-
neſte ſort,
Les ſevéres froideurs dont je m'e-
ſtois armée ?
Quoi donc, mon cher amant, je t'ai
donné la mort ?

Est-ce le prix, helas ! de m'avoir tant
aimée ?
Ah ! mortelles douleurs, &c.

Aprés cette plainte commença le second Acte de la Comédie en prose. C'est vne suite des déplaisirs du Païsan marié, qui se trouve encore interrompu par la mesme Bergére, qui vient lui dire que Tircis & Philene ne sont point morts, & lui montre six Batteliers * qui les ont sauvez. Le Païsan importuné de tous ces avis se retire, & quitte la place aux Batteliers, qui ravis de la recompense qu'ils ont receuë, dansent avec leurs crocs, & se joüent ensemble; aprés quoi se recite le troisiéme Acte de la Comédie en prose.

Dans ce dernier Acte l'on voit le Païsan dans le comble de la douleur, par les mauvais traitemens de sa femme. Enfin, vn de ses amis lui conseille de noier dans

* Ioüan,
Beau-
champ,
Chican-
neau,
Favier,
Noblet,
Mayeu.

le vin toutes ſes inquiétudes , & l'emmene pour joindre ſa troupe, voiant venir toute la foule des Bergers amoureux , qui commencent à celebrer par des chants & des danſes le pouvoir de l'amour.

Ici la décoration du Theatre ſe trouve changée en vn inſtant ; & l'on ne peut comprendre comment tant de veritables jets d'eau ne paroiſſent plus , ni par quel artifice, au lieu de ces cabinets & de ces allées , on ne découvre ſur le Theatre que de grandes roches entremeſlées d'arbres , où l'on voit pluſieurs Bergers qui chantent , & qui jouënt de toutes ſortes dinſtrumens. Cloris commence la premiére à joindre ſa voix au ſon des flûtes & des muſettes.

Cloris.

ICi l'ombre des ormeaux
Donne vn teint frais aux her-
bettes ,

Et les bords de ces ruiffeaux
Brillent de mille fleurettes,
Qui fe mirent dans les eaux.
Prenez, Bergers, vos mufettes,
Ajuftez vos chalumeaux,
Et meslons nos chanfonnettes
Aux chants des petits oifeaux.

Le Zephire entre ces eaux
Fait mille courfes fecrettes ;
Et les Roßignols nouveaux,
De leurs douces amourettes ,
Parlent aux tendres rameaux.
Prenez, Bergers, vos mufettes,
&c.

Pendant que la Mufique charme les oreilles , les yeux font
agréablement occupez à voir dan-
fer plufieurs Bergers* & Bergéres
galamment veftuës. Et Climene
chante ,

Ah! qu'il eft doux, belle Sil-
vie ,

** Bergers.*
Chican-
neau ,
S. André.
La Pierre.
Favier.
Bergeres.
Bonard,
Arnald,
Noblet,
Foignard.

Ah! qu'il est doux de s'enflâmer;
Il faut retrancher de la vie
Ce qu'on en passe sans aimer.

Cloris.

Ah, les beaux jours qu'amour
nous donne,
Lors que sa flâme vnit les cœurs!
Est-il ni gloire ni Couronne
Qui vaille ses moindres dou-
ceurs?

Tircis.

Qu'avec peu de raison on se plaint
d'vn martyre,
Que suivent de si doux plaisirs.

Philene.

Vn moment de bonheur dans l'a-
moureux Empire
Repare dix ans de soûpirs.

Tous ensemble.

Chantons tous de l'amour le pouvoir
adorable,
Chantons tous dans ces lieux
Ses attraits glorieux;
Il est le plus aimable
Et le plus grand des Dieux.

A ces mots l'on vit s'approcher
du fond du Theatre vn grand rocher couvert d'arbres, ſur lequel
eſtoit aſſiſe toute la troupe de Bachus, compoſée de quarante Satyres. L'vn * d'eux s'avançant à la
teſte chanta fiérement ces paroles:

* D'Eſ-
tival.

Arreſtez, c'eſt trop entreprendre:
Vn autre Dieu, dont nous ſuivons
> *les loix,*
S'oppoſe à cét honneur qu'à l'Amour
oſent rendre
> *Vos muſettes & vos voix.*
A des titres ſi beaux, Bachus ſeul
> *peut prétendre,*
Et nous ſommes icy pour défendre
ſes droits.
> Chœur de Bachus.
Nous ſuivons de Bachus le pouvoir
adorable:
> *Nous ſuivons en tous lieux*
> *Ses attraits glorieux:*
> *Il eſt le plus aimable*
> *Et le plus grand des Dieux.*

Plusieurs du parti de Bachus mêloient aussi leurs pas à la Musique, & l'on vit vn combat des Danseurs & des Chantres de Bachus, contre les Danseurs & les Chantres, qui soûtenoient le parti de l'Amour.

Cloris.

C'est le Printemps qui rend l'ame
A nos champs semez de fleurs ;
Mais c'est l'Amour & sa flâme
Qui font revivre nos cœurs.

Un suivant de Bachus*.

*Gingan.

Le Soleil chasse les ombres,
Dont le Ciel est obscurci,
Et des ames les plus sombres
Bachus chasse le souci.

Chœur de Bachus.

Bachus est reveré sur la terre & sur l'onde.

Chœur de l'Amour.

Et l'Amour est vn Dieu qu'on adore en tous lieux.

Chœur de Bachus.

Bachus à son pouvoir a soumis tout le monde.

Chœur de l'Amour.

Et l'Amour a dompté les Hommes
& les Dieux.

Chœur de Bachus.

Rien peut-il égaler sa douceur sans
seconde ?

Chœur de l'Amour.

Rien peut-il égaler ses charmes pré-
cieux ?

Chœur de Bachus.

Fi de l'amour & de ses feux.

Le parti de l'Amour.

Ah ! quel plaisir d'aimer.

Le parti de Bachus.

Ah! quel plaisir de boire.

Le parti de l'Amour.

A qui vit sans amour, la vie est
sans appas.

Le parti de Bachus.

C'est mourir que de vivre, & de ne
boire pas.

Le parti de l'Amour.

Aimables fers,

Le parti de Bachus.

Douce victoire.

Le parti de l'amour.
Ah! quel plaisir d'aimer.
Le parti de Bachus.
Ah! quel plaisir de boire.
Les deux partis.
Non, non, c'est un abus.
Le plus grand Dieu de tous.
Le parti de l'Amour.
C'est l'Amour.
Le parti de Bachus.
C'est Bachus.

* *Le Gros.*   Vn Berger * arrive, qui se jette au milieu des deux partis pour les separer, & leur chante ces vers.

C'est trop, c'est trop, Bergers, hé
pourquoi ces debats ?
Souffrons qu'en un parti la raison
nous assemble :
L'Amour a des douceurs, Bachus a
des appas :
Ce sont deux Déïtez qui sont fort
bien ensemble,
Ne les separons pas.

Les deux Chœurs ensemble.

Meſlons donc leurs douceurs ai-
mables,
Meſlons nos voix dans ces lieux
agréables,
Et faiſons repeter aux Echos d'a-
lentour,
Qu'il n'eſt rien de plus doux que
Bachus & l'Amour.

Tous les Danſeurs ſe mêlent enſemble ; & l'on voit parmi les Bergers & les Bergeres quatre des ſuivans de Bachus * avec des thyr-   * Suivans
ſes, & quatre Bachantes avec des   de Bachus.
eſpeces de tambours de Baſque,   *Beauchamps,*
qui repreſentent ces cribles qu'el-   *Dolivet,*
les portoient anciennement aux   *Chican-*
feſtes de Bachus. De ces thyrſes   *neau,*
les ſuivans frapent ſur les cribles   *Mayeu.*
des Bachantes, & font differen-   Bachantes,
tes poſtures pendant que les Ber-   *Payſan,*
gers & les Bergeres danſent plus   *Manceau,*
ſerieuſement.   *Le Roy,*
  Peſan.

M

On peut dire que dans cét ouvrage le fieur de Lully a trouvé le
fecret de fatisfaire & de charmer
tout le monde ; car jamais il n'y
a rien eû de fi beau, ni de mieux
inventé. Si l'on regarde les dan-
fes , il n'y a point de pas qui ne
marque l'action que les Danfeurs
doivent faire , & dont les geftes
ne foient autant de paroles qui fe
faffent entendre. Si l'on regarde
la Mufique, il n'y a rien qui n'exprime parfaitement toutes les paf-
fions, & qui ne raviffe l'efprit des
Auditeurs. Mais ce qui n'a jamais
efté veû , eft cette harmonie de
voix fi agréable, cette fymphonie
d'inftrumens , cette belle vnion
de differens chœurs , ces douces
chanfonnettes , ces dialogues fi
tendres & fi amoureux, ces échos,
& enfin cette conduite admirable dans toutes les parties, où depuis les premiers recits l'on a veû
toûjours que la Mufique s'eft aug-

mentée , & qu'enfin, aprés avoir commencé par vne seule voix, elle a fini par vn concert de plus de cent personnes, que l'on a veuës toutes à la fois sur vn mesme Theatre joindre ensemble leurs instrumens, leurs voix , & leurs pas , dans vn accord & vne cadence qui finit la Piéce , en laissant tout le monde dans vne admiration qu'on ne peut assez exprimer.

Cét agréable spectacle estant fini de la sorte , le Roy & toute la Cour sortirent par le Portique du costé gauche du Salon , & qui rend dans l'allée de traverse , au bout de laquelle, à l'endroit où elle coupe l'allée des Prez , l'on apperceut de loin vn Edifice élevé de cinquante pieds de haut. Sa figure estoit octogone ; & sur le haut de la couverture s'élevoit vne espece de Dôme d'vne grandeur & d'vne hauteur si belle &

ſi proportionnée, que le tout enſemble reſſembloit beaucoup à ces beaux temples antiques, dont l'on voit encore quelques reſtes. Il eſtoit tout couvert de feüillages, & rempli d'vne infinité de lumiéres. A meſure qu'on s'en approchoit, on y découvroit mille differentes beautez. Il eſtoit iſolé, & l'on voyoit dans les huit angles autant de pilaſtres qui ſervoient comme de pieds forts ou d'arboutans élevez de quinze pieds de haut. Au deſſus de ces pilaſtres, il y avoit de grands vaſes ornez de differentes façons, & remplis de lumiéres. Du haut de ces vaſes ſortoit vne fontaine, qui retombant à l'entour les environnoit comme d'vne cloche de criſtal. Ce qui faiſoit vn effet d'autant plus admirable, qu'on voioit vn feu éclairer agréablement au milieu de l'eau.

Cét Edifice eſtoit percé de huit portes. Au devant de celle par où l'on entroit, & ſur deux pieds d'eſtaux de verdure, eſtoient deux grandes figures dorées, qui repreſentoient deux Faunes joüant chacun d'vn inſtrument. Au deſſus de ces portes, on voioit comme vne eſpece de friſe ornée de huit grands baſreliefs, repreſentant par des figures aſſiſes, les quatre Saiſons de l'année, & les quatre parties du jour. A coſté des premiéres il y avoit de doubles L, & à coſté des autres des fleurs de lys. Elles eſtoient toutes enchaſſées parmi le feüillage, & faites avec vn artifice de lumiéres ſi beau & ſi ſurprenant, qu'il ſembloit que toutes ces figures, ces L, & ces fleurs de lys, fuſſent d'vn métal lumineux & tranſparant.

Le tour du petit Dôme eſtoit auſſi orné de huit baſreliefs éclairez de la mesme sorte ; mais au lieu de figures c’estoit des trophées disposez en differentes maniéres. Sur les angles du principal édifice & du petit Dôme, il y avoit de grosses boules de verdure, qui en terminoient les extrémitez.

Si l’on fut surpris en voiant par dehors la beauté de ce lieu, on le fut encore davantage en voiant le dedans. Il estoit presque impossible de ne se pas persuader que ce ne fust vn enchantement, tant il y paroissoit de choses, qu’on croiroit ne se pouvoir faire que par magie. Sa grandeur estoit de huit toises de diametre. Au milieu il y avoit vn grand Rocher, & au tour du Rocher vne table de figure octogone, chargée de soixante-quatre couverts. Ce Rocher estoit percé en quatre endroits. Il sembloit que la Nature eust fait choix de tout ce qu’elle a de plus beau, & de plus riche pour la composition de cét ouvrage, & qu'elle euft elle-mefme pris plaifir d'en faire fon chefd'œuvre; tant les Ouvriers avoient bien fceû cacher l'artifice dont ils s'eftoient fervis pour l'imiter.

Sur la cime du Rocher eftoit le cheval Pegaze. Il fembloit en fe cabrant faire fortir l'eau qu'on voioit couler doucement de deffous fes pieds ; mais qui auffitoft tomboit avec abondance, & formoit comme quatre fleuves. Cette eau, qui fe précipitoit avec violence, & par gros boüillons parmi les pointes du Rocher, le rendoit tout blanc d'écume, & ne s'y perdoit que pour paroiftre enfuite plus belle & plus brillante: Car reffortant avec impetuofité par des endroits cachez, elle faifoit des chûtes d'autant plus agréables, qu'elles fe feparoient en plufieurs petits ruiffeaux parmi les cailloux & les coquilles. Il fortoit de tous les endroits les plus creux du Rocher mille gouttes d'eau , qui, avec celles des cascades venoient à inonder vne plouse couverte de mousse , & de divers coquillages , qui en faisoit l'entrée. C'estoit sur ce beau vert, & à l'entour de ces coquilles, que ces eaux venant à se répandre, & à couler agréablement , faisoient vne infinité de retours, qui paroissoient autant de petites ondes d'argent ; & avec vn murmure doux & agréable qui s'accordoit au bruit des cascades , tomboient en cent differentes maniéres dans huit canaux qui separoient la table d'avec le Rocher , & en recevoient toutes les eaux. Ces canaux estoient revestus de carreaux, de porcelaine , & de mousse; au bord desquels il y avoit de grands vases à l'antiquité , émaillez d'or & d'azur , qui jettant l'eau par trois differens endroits , remplisſoient trois grandes coupes de criſtal, qui ſe dégorgeoient encore dans ces meſmes canaux.

Au deſſous du cheval Pegaze, & vis-à-vis la porte par où l'on entroit, on voioit la figure d'Apollon aſſiſe, tenant dans ſa main vne lyre. Les neuf Muſes eſtoient au deſſous de lui, qui tenoient auſſi divers inſtrumens. Dans les quatre coins du Rocher, & au deſſous de la chûte de ces fleuves, il y avoit quatre figures couchées, qui en repreſentoient les Divinitez.

De quelque coſté qu'on regardaſt ce Rocher, l'on y voioit toûjours differens effets d'eau; & les lumiéres dont il eſtoit éclairé, eſtoient ſi bien diſpoſées, qu'il n'y en avoit point qui ne contribuaſſent à faire paroiſtre toutes les figures qui eſtoient d'argent, & à faire briller davantage les divers éclats de l'eau, & les differentes couleurs des pierres, & des criſtaux dont il eſtoit compoſé. Il y avoit meſme des lumiéres ſi induſtrieuſement cachées dans les cavitez de ce Rocher, qu'elles n'eſtoient point apperceuës, mais qui cependant le faiſoient voir par tout, & donnoient vn luſtre & vn éclat merveilleux à toutes les gouttes d'eau qui tomboient.

Des huit Portes dont ce Salon eſtoit percé, il y en avoit quatre au droit des quatres grandes allées, & quatre autres qui eſtoient vis-à-vis des petites allées qui ſont dans les angles de cette place. A coſté de chaque Porte il y avoit quatre grandes niches percées à jour, & remplies d'vn grand pied d'argent. Au deſſus eſtoit vn grand vaze de meſme matiére, qui portoit vne girandolle de criſtal, allumée de dix bougies de cire blanche. Dans les huit angles, qui forment la figure de ce lieu , il y avoit vn corps folide taillé ruftiquement, & dont le fond verdaftre brilloit en façon de criftal ou d'eau congelée. Contre ce corps eftoient quatre Coquilles de marbre les vnes au deffous des autres , & dans des diftances fort proportionnées. La plus haute eftoit la moins grande ; & celles de deffous augmentoient toûjours en grandeur , pour mieux recevoir l'eau qui tomboit des vnes dans les autres. On avoit mis fur la Coquille la plus élevée vne girandolle de criftal allumée de dix bougies; & de cette Coquille fortoit de l'eau en forme de nappe , qui tombant dans la feconde Coquille, fe répandoit dans vne troifiéme, où l'eau d'vn mafque pofé au deffus venant à fe rendre , la rempliffoit encore davantage. Cette troifiéme Coquille eftoit portée par deux Dauphins , dont les écailles eftoient de couleur de nacre. Ces deux Dauphins jettoient de l'eau dans la quatriéme Coquille, où tomboit aussi en nappe l'eau de la Coquille qui estoit au dessus; & toutes ces eaux venoient enfin à se rendre dans vn Bassin de marbre, aux deux extrémitez duquel estoient deux grands vases remplis d'orangers.

Le plafond de ce lieu n'estoit pas cintré en forme de voûte. Il s'élevoit jusques à l'ouverture du petit Dôme, par huit pans qui representoient vn compartiment de mennuiserie artistement taillé de feüillages dorez. Dans ces compartimens, qui paroissoient percez, l'on avoit peint des branches d'arbres au naturel, pour avoir plus d'vnion avec la feüillée, dont le corps de cét édifice estoit composé. Le haut du petit Dôme estoit aussi vn compartiment d'vne riche broderie d'or & d'argent sur vn fond vert.

Outre vingt-cinq luſtres de criſtal, chacun de dix bougies, qui
éclairoient ce lieu, & qui tomboient du haut de la voûte, il y
en avoit encore d'autres au milieu des huit portes, qui eſtoient
attachez avec de grandes écharpes de gaze d'argent, entre des
feſtons de fleurs nouëz avec de
pareilles écharpes, enrichies d'v-
ne frange de meſme.

Sur la grande corniche qui regnoit tout autour de ce Salon,
eſtoient rangez ſoixante-quatre
vaſes de Porcelaine, remplis de
diverſes fleurs ; & entre ces vaſes
on avoit mis ſoixante-quatre boules de criſtal de diverſes couleurs,
& d'vn pied de diametre, ſoûtenuës ſur des pieds d'argent. Elles
paroiſſoient comme autant de pierres précieuſes, & eſtoient éclairées d'vne maniére ſi ingenieuſe,
que la lumiére paſſant au travers,
& ſe trouvant chargée des diffe-

rentes couleurs de ces criftaux , fe répandoit par tout le haut du Plafond, où elle faifoit des effets fi admirables, qu'il fembloit que ce fuffent les couleurs mefmes d'vn veritable Arc - en - Ciel. De cette corniche, & du tour que formoit l'ouverture du petit Dôme , pendoient plufieurs feftons de toutes fortes de fleurs, attachez avec de grandes écharpes de gaze d'argent, dont les bouts tombant entre chaque feftou , paroiffoient avec beaucoup d'éclat & de grace fur tout le corps de cette Architecture, qui eftoit de feuïllages, & dont l'on avoit fi bien fceû former differentes fortes de verdure, que la diverfité des arbres qu'on y avoit emploiez , & que l'on avoit fceû accommoder les vns auprés des autres , ne faifoit pas vne des moindres beautez de la compofition de cét agréable édifice.

Au-de-là du Portique, qui eſtoit vis-à-vis de celui par où l'on entroit, on avoit dreſſé vn Buffet d'vne beauté & d'vne richeſſe toute extraordinaire. Il eſtoit enfoncé de dix-huit pieds dans l'allée, & l'on y montoit par trois grands degrez en forme d'eſtrade. Il y avoit des deux coſtez de ce Buffet deux maniéres d'ailes élevées d'environ dix pieds de haut, dont le deſſous ſervoit pour paſſer ceux qui portoient les viandes. Sur le milieu de chacune de ces ailes eſtoit vn Socle de verdure, qui portoit vn grand guéridon d'argent, chargé d'vne girandolle auſſi d'argent, allumée de bougies de cire blanche, & à coſté de ces guéridons pluſieurs grands vaſes d'argent. Contre ce Socle eſtoit attachée vne grande plaque d'argent à trois branches, portant chacune vn flambeau de cire blanche.

Sur la table du Buffet il y avoit quatre degrez de deux pieds de large , & de trois à quatre pieds de haut , qui s'élevoient jufques à vn Plafond de feuïllée, de vingt-cinq pieds d'exhauffement. Sur ce Buffet, & fur ces degrez , l'on voioit dans vne difpofition agréable vingt-quatre baffins d'argent d'vne grandeur extrême, & d'vn ouvrage merveilleux. Ils eftoient feparez les vns des autres par autant de grands vafes , de cafolettes, & de girandolles d'argent d'vne pareille beauté. Il y avoit fur la table vingt-quatre grands pots d'argent remplis de toutes fortes de fleurs, avec la nef du Roy, la vaiffelle, & les verres deftinez pour fon fervice. Au devant de la table on voioit vne grande cuvette d'argent en forme de coquille, & aux deux bouts du Buffet quatre guéridons d'argent de fix pieds de haut, fur lefquels eftoient des

girandolles d'argent, allumées de
dix bougies de cire blanche.

Dans les .deux autres arcades,
qui estoient à costé de celle-ci,
estoient deux autres Buffets moins
hauts & moins larges que celui
du milieu. Chaque table avoit
deux degrez, sur lesquels estoient
dressez quatre grands bassins d'argent , qui accompagnoient vn
grand vase , chargé d'vne girandolle allumée de dix bougies ; &
entre ces bassins & ce vase il y
avoit. plusieurs figures d'argent.
Aux deux bouts du Buffet l'on
voioit deux grandes placques, portant chacune trois flambeaux de
cire blanche, au dessus du dossier
vn guéridon d'argent chargé de
plusieurs bougies, & à costé plusieurs grands vases d'vn prix &
d'vne pesanteur extraordinaire ,
outre six grands bassins qui ser-
voient de fond. Devant chaque
table il y avoit vne grande cu-

vette d'argent pefant mille marcs, & ces tables qui eftoient comme deux credences pour accompagner le grand buffet du Roi, eftoient deftinées pour le fervice des Dames.

Au-de-là de l'arcade, qui fer-voit d'entrée du cofté de l'allée qui defcend vers les grilles du grand parc, eftoit vn enfoncement de dix-huit toifes de long, qui formoit comme vn avant-Salon.

Ce lieu eftoit terminé d'vn grand Portique de verdure, au-de-là du-quel il y avoit vne grande Sale bornée par les deux coftez des paliffades de l'allée, & par l'autre bout d'vn autre Portique de feüil-lages. Dans cette Salle l'on avoit dreffé quatre grandes tentes tres-magnifiques, fous lefquelles é-toient huit tables accompagnées de leurs buffets, chargez de baf-fins, de verres, & de lumiéres, difpofées dans vn ordre tout à fait fingulier.

Lors que le Roy fut entré dans le Salon octogone, & que toute la Cour surprise de la beauté & de la disposition si extraordinaire de ce lieu, en eut bien consideré toutes les parties, Sa Majesté se mit à table, le dos tourné du côté par où Elle avoit entré ; & lors que Monsieur eut aussi pris sa place, les Dames qui estoient nommées par Sa Majesté pour y souper, prirent les leurs selon qu'elles se rencontrerent, sans garder aucun rang. Celles qui eûrent cét honneur furent,

M͏ᵉ Aubry de Courcy.
M͏ᵉ de Saint Arbre.
M͏ᵉ de Broglio.
M͏ˢ de Bailleul.
M͏ᵉ de Bonnelle.
M͏ᵉ Bignon.
M͏ᵉ de Bordeaux.
M͏ˡˡᵉ Borelle.
M͏ᵉ de Brissac.

Me de Coulange.

M^e la Mareschale de Clerem-
baut.

M^e la Mareschale de Castelnau.

Me de Comminge.

M^e la Marquise de Castelnau.

Mlle d'Elbeuf.

M^e la Mareschale d'Albret, &
Mlle sa fille.

M^e la Mareschale d'Estrée.

M^e la Mareschale de la Ferté.

Me de la Fayette.

M^e la Comtesse de Fiesque.

Me de Fontenay Hotman.

Me de Fieubert.

M^e la Mareschale de Grançay,
& Mlles ses deux filles.

M^e des Hameaux.

M^e la Mareschale de l'Hospi-
tal.

M^e la Lieutenente Civile.

M^e la Comtesse de Louvigny.

Mlle de Manicham.

Me de Mekelbourg.

M^e la grande Mareschale.

Me de Marré.

Me de Nemours.

Me de Richelieu.

M^e la Ducheſſe de Richemont.

Mlle de Treſme.

Me Tambonneau.

Me de la Trouſſe.

M^e la Préſidente Tubœuf.

M^e la Ducheſſe de la Valliére.

M^e la Marquiſe de la Valliére.

Me de Vilacerf.

M^e la Ducheſſe de Virtemberg,
    & M^e ſa fille.

Me de Valavoire.

Comme la ſomptuoſité de ce feſtin paſſe tout ce qu'on en pourroit dire, tant par l'abondance & la délicateſſe des viandes qui y furent ſervies, que par le bel ordre que le Mareſchal de Bellefond & le ſieur de Valentiné Conrrôlleur Général de la Maiſon du Roy y apportérent, je n'entreprendrai pas d'en faire le détail. Je dirai feulement que le pied du Rocher eftoit revêtu parmi les coquilles & la mouffe, de quantité de paftes, de confitures, de conferves, d'herbages & de fruits fucrez, qui fembloient eftre crûs parmi les pierres, & en faire partie. Il y avoit fur les huit angles qui marquent la figure du Rocher & de la table, huit pyramides de fleurs, dont chacune eftoit compofée de treize porcelaines remplies de differens metz. Il y eut cinq fervices, chacun de cinquante-fix grands plats. Les plats du deffert eftoient chargez de feize porcelaines en pyramides, où tout ce qu'il y a de plus exquis & de plus rare dans la faifon y paroiffoit à l'œil & au gouft, d'vne maniére qui fecondoit bien ce que l'on avoit fait dans cét agréable lieu pour charmer la veuë.

Dans vne allée affez proche de-là, & fous vne tente eftoit la table de la Reine , où mangeoit Madame, Mademoiselle, Madame la Princeſſe, Madame la Princeſſe de Carignan. Monſeigneur le Dauphin ſoupa au Chaſteau dans ſon appartement.

Le Roy eſtoit ſervi par Monſieur le Duc, & Monſieur par le ſieur de Valentiné. Les Sieurs Grotteau Contrôlleur de la bouche, Gault & Chamois Contrôlleurs d'Offices, mettoient les viandes ſur la table.

Le Mareſchal de Bellefond ſervoit la Reine; le ſieur Courtet, Contrôlleur d'Office ſervoit Madame; le ſieur de la Grange, auſſi Contrôlleur d'Office, mettoit ſur table; les cent Suiſſes de la Garde portoient les viandes; & les Pages & Valets de Pied du Roy, de la Reine, de Monſieur, & de Madame, ſervoient les tables de leurs Majeſtez.

Dans le meſme temps que l'on portoit ſur ces deux tables , il y

en avoit huit autres que l'on ſervoit de la meſme maniére , qui
eſtoient dreſſées. ſous les quatre
tentes dont j'ai parlé ; & ces tables avoient leurs Maiſtres d'Hô-
tels, qui faiſoient porter les viandes par les Gardes Suiſſes. La
premiére eſtoit celle ,

> De Madame la Comteſſe de Soiſ-
> ſons , de vingt couverts.
>
> De Madame la Princeſſe de Bade,
> de vingt couverts.
>
> De Madame la Ducheſſe de Cre-
> quy , de vingt couverts.
>
> De Madame la Mareſchale de
> la Mothe , de vingt couverts.
>
> De Madame la Ducheſſe de Mon-
> tauſier , de quarante couverts.
>
> De Madame la Mareſchale de
> Bellefond, de ſoixante-cinq cou-
> verts.
>
> De Madame la Mareſchale
> d'Humiéres, de vingt couverts.
>
> De Madame de Bethune , de
> vingt couverts.

II

Il y en avoit encore trois autres dans vne petite allée , à coſté de celle que tenoit Madame la Mareſchale de Bellefond , de quinze à ſeize couverts chacune , dont les Maiſtres - d'Hoſtels du Roy avoient le ſoin.

Quantité d'autres tables ſe ſervoient de la deſſerte de la Reine, & des autres , pour les femmes de la Reine , & pour d'autres perſonnes.

Dans la Grotte, proche du Chaſteau , il y eut trois tables pour les Ambaſſadeurs, qui furent ſervies en meſme temps, de vingt-deux couverts chacune.

Il y avoit encore en pluſieurs endroits des tables dreſſées, où l'on donnoit à manger à tout le monde; & l'on peut dire que l'abondance des viandes , des vins , & des liqueurs ; la beauté & l'excellence des fruits , & des confitures, & vne infinité d'autres chotes délicatement appreſtées , faiſoit bien voir que la magnificence du Roy ſe répandoit de tous coſtez.

Le Roy s'eſtant levé de table, pour donner vn nouveau divertiſſement aux Dames, & paſſant par le Portique, où l'allée monte vers le Chaſteau, les conduiſit dans la Salle du Bal.

A deux cens pas de l'endroit où l'on avoit ſoupé , & dans vne traverſe d'allées, qui forme vne eſpace d'vne vaſte grandeur , l'on avoit dreſſé vn édifice de figure octogone , haut de plus de neuf toiſes , & large de dix. Toute la Cour marcha le long de l'allée, ſans s'appercevoir du lieu où elle eſtoit : mais comme elle eut fait plus de la moitié du chemin , il y eut vne paliſſade de verdure , qui s'ouvrant tout d'vn coup de part & d'autre, laiſſa voir au travers d'vn grand Portique vn Sa-

lon rempli d'vne infinité de lumiéres , & vne longue allée au-
de-là , dont l'extraordinaire beauté surprit tout le monde.

Ce Bastiment n'estoit pas tout
de feüillages comme celui où l'on
avoit soupé. Il representoit vne superbe Salle , revestuë de marbre
& de porphire , & ornée seulement
en quelques endroits de verdure ,
& de festons. Vn grand Portique
de seize pieds de large , & de trente-
deux de haut , servoit d'entrée à ce
riche Salon. Il avançoit environ
trois toises dans l'allée ; & cette
avance servoit encore de vestibule ,
& faisoit simmetrie aux autres enfoncemens qui se rencontroient
dans les huit costez. Du milieu
du Portique pendoient de grands
festons de fleurs , attachez de part
& d'autre. Aux deux costez de
l'entrée , & sur deux pieds d'es-
taux, on voioit des Thermes re-
presentant des Satyres, qui étoient

là comme les gardes de ce beau lieu. A la hauteur de huit pieds ce Salon eſtoit ouvert par les ſix coſtez, entre la porte par où l'on entroit, & l'allée du milieu. Ces ouvertures formoient ſix grandes arcades, qui ſervoient de tribunes, où l'on avoit dreſſé pluſieurs ſiéges en forme d'amphitheatres, pour aſſeoir plus de ſix-vingts perſonnes dans chacune. Ces enfoncemens eſtoient ornez de feüillages, qui venant à ſe terminer contre les pilaſtres, & le haut des arcades, y montroient aſſez que ce bel endroit eſtoit paré comme à vn jour de Feſte, puis que l'on y mêloit des feüilles & des fleurs pour l'orner; car les impoſtes, & les clefs des arcades, eſtoient mar‑quez par des feſtons, & des cein‑tures de fleurs.

Du coſté droit, dans l'arcade du milieu, & au haut de l'enfonce‑ment, eſtoit vne grotte de rocail‑

le , où dans vn large baſſin travaillé ruſtiquement , l'on voioit
Arion porté ſur vn Dauphin , &
tenant vne lyre. Il avoit à coſté
de lui deux Tritons. C'eſtoit dans
ce lieu que les Muſiciens eſtoient
placez. A l'oppoſite l'on avoit
mis tous les joüeurs d'Inſtrumens.
L'enfoncement de l'arcade où ils
eſtoient formoit auſſi vne grotte,
où l'on voioit Orphée ſur vn rocher, qui ſembloit joindre ſa voix
à celle de deux Nymphes aſſiſes
auprés de lui. Dans le fond des
quatre autres arcades il y avoit
d'autres grottes , où par la gueule de certains monſtres ſortoit de
l'eau , qui tomboit dans des baſſins
ruſtiques , d'où elle s'échapoit entre des pierres , & degoutoit len-
tement parmi la mouſſe & les ro-
cailles.

Contre les huit pilaſtres qui formoient ces arcades , & ſur des
pieds d'eſtaux de marbre , l'on

avoit poſé huit grandes figures de Femmes, qui tenoient dans leurs mains divers inſtrumens , dont elles ſembloient ſe ſervir , pour contribuer au divertiſſement du Bal.

Dans le milieu des pieds d'eſtaux , il y avoit des maſques de bronze doré, qui jettoient de l'eau dans vn baſſin. Au bas de chaque pied-d'eſtail, & des deux coſtez du meſme baſſin , s'élevoient deux jets d'eau , qui formoient deux chandeliers. Tout autour de ce Salon regnoit vn ſiége de marbre , ſur lequel d'eſpace en eſpace, eſtoient pluſieurs vaſes remplis d'Orangers.

Dans l'arcade qui eſtoit vis-à-vis de l'entrée , & qui ſervoit d'ouverture à vne grande allée de verdure , l'on voioit encore ſur deux pieds d'eſtaux deux figures , qui repreſentoient Flore & Pomone. De ces pieds d'eſtaux il en ſortoit de l'eau comme de ceux du Salon.

Le haut de ce Salon s'élevoit au dessus de la corniche par huit pans jusques à la hauteur de douze pieds ; puis formant vn plafond de figure octogone , laissoit dans le milieu vne ouverture de pareille forme , dont l'enfoncement estoit de cinq à six pieds. Dans ces huit pans estoient huit grands Soleils d'or , soûtenus de huit figures , qui representoient les douze mois de l'Année, avec les signes du Zodiaque. Le fond estoit d'azur semé de Fleurs de lis d'or, & le reste enrichi de roses, & d'autres ornemens d'or , d'où pendoient trente-deux lustres,portant chacun douze bougies.

Outre toutes ces lumiéres, qui faisoient le plus beau jour du monde , il y avoit dans les six tribunes vingt-quatre placques, dont chacune portoit neuf bougies ; & aux deux coſtez des huit pilaſtres , au deſſus des figures, ſortoient de la feüillée de grands fleurons d'argent , en forme de branches d'arbres, qui ſoûtenoient treize chandeliers diſpoſez en py-ramydes. Aux deux coſtez de la porte , & dans l'endroit qui ſer-voit comme de veſtibule , il y avoit ſix grandes placques en ova-le , enrichies des Chiffres du Roy. Chacune de ces plaques portoit ſeize chandeliers allumez de ſeize bougies.

L'Allée qui aboutit au milieu de ce Salon avoit plus de vingt pieds de large. Elle eſtoit toute de feüillée de part & d'autre , & paroiſſoit découverte par le haut. Par les coſtez elle ſembloit ac-compagnée de huit cabinets , où à chaque encoigneure l'on voioit ſur des pieds d'eſtaux de marbre des Thermes, qui repreſentoient des Satyres. A l'endroit où eſtoient

ces Thermes , les cabinets fe fer-
moient en berceau.

Au bout de l'allée il y avoit
vne Grotte de rocaille , où l'art
eftoit fi heureufement joint à la
nature, que parmi les figures qui
l'ornoient, on y voioit cette belle
negligence , & cét arrangement
ruftique , qui donne vn fi grand
plaifir à la veuë.

Au haut , & dans le lieu le
plus enfoncé de la Grotte , on
découvroit vne efpece de mafque
de bronze doré , reprefentant la
tefte d'vn monftre marin. Deux
Tritons argentez ouvroient les
deux coftez de la gueule de ce
mafque , duquel s'élevoit en forme d'aigrette vn gros boüillon
d'eau, dont la chûte augmentant
celle qui tomboit de fa gueule
extraordinairement grande , faifoit vne nappe , qui fe répandoit
dans vn grand baffin , d'où ces
deux Tritons fembloient fortir.

N v

De ce baſſin ſe formoit vne autre grande nappe , accompagnée de deux gros jets d'eau, que deux animaux d'vne figure monſtrueuſe vomiſſoient , en ſe regardant l'vn l'autre. Ces deux animaux, qui ne paroiſſoient qu'à demi hors de la roche , eſtoient auſſi de bronze doré. De cette quantité d'eau qu'ils jettoient, & de celle de ce baſſin , qui tomboit dans vn autre beaucoup plus grand, il ſe formoit vne troiſiéme nappe, qui couvrant tout le bas du ro-cher, & ſe dechirant inégalement contre les pierres d'en bas, faiſoit paroiſtre des éclats ſi beaux & ſi extraordinaires, qu'on ne les peut bien exprimer.

Cette abondance d'eau , qui comme vn agreable torrent ſe précipitoit de la ſorte par diffe-rentes cheutes , ſembloit couvrir le rocher de pluſieurs voiles d'ar-gent, qui n'empêchoient pas qu'on

ne vist la disposition des pierres
& des coquillages , dont les couleurs paroissoient encore avec plus
de beauté parmi la mousse mouïl-
lée , & au travers de l'eau qui tomboit en bas , où elle formoit de
gros bouïllons d'écume.

De ce dernier endroit, où toute cette eau finissoit sa cheute, dans
vn quarré qui estoit au pied de
la grotte, elle se divisoit en deux
canaux, qui bordant les deux costez de l'allée , venoient à se terminer dans vn grand bassin, dont
la figure estoit d'vn quarré de
long , augmenté par les quatre
costez de quatre demironds, lequel separoit l'allée d'avec le Salon. Mais cette eau ne couloit
pas, sans faire paroistre mille beaux
effets : Car vis-à-vis des huit cabinets, il y avoit dans chaque canal deux jets d'eau , qui formoient de chaque costé seize lan-
ces de douze à quinze pieds de

haut ; & d'espace en espace l'eau de ces canaux venant à tomber, faisoit des cascades, qui composoient autant de petites nappes argentées, dont la longueur de chaque canal estoit agréablement interrompuë.

Ces canaux estoient bordez de gazon de part & d'autre. Du costé des cabinets, & entres les Thermes qui en marquoient les encoigneures, il y avoit dans de grands vases, des Orangers chargez de fleurs & de fruits; & le milieu de l'allée estoit d'vn sable jaune, qui partageoit les deux lisiéres de gazon.

Dans le bassin qui separoit l'allée d'avec le Salon, il y avoit vn groupe de quatre Dauphins dans des coquilles de bronze doré, posées sur vn petit rocher. Ces quatre Dauphins ne formoient qu'vne seule teste, qui estoit renversée, & qui ouvrant la gueule en haut, poussoit vn jet d'eau d'vne groffeur extraordinaire. Aprés que cette eau, qui s'élevoit de plus de trente pieds de haut, avoit frappé la feüillée avec violence, elle retomboit dans le baffin en mille petites boules de criftal.

Aux deux coftez de ce baffin il y avoit quatre grandes placques en ovale, chargées chacune de quinze bougies; mais comme toutes les autres lumiéres qui éclairoient cette allée eftoient cachées derriére les pilaftres, & les Thermes qui marquoient les cabinets, l'on ne voioit qu'vn jour vniverfel, qui fe répandoit fi agréablement dans tout ce lieu, & en découvroit les parties avec tant de beauté, que tout le monde préferoit cette clarté à la lumiére des plus beaux jours. Il n'y avoit point de jets d'eau qui ne fift paroiftre mille brillans ; & l'on reconnoiffoit, principalement dans ce lieu, & dans la Grotte où le Roi avoit ſoupé , vne diſtribution d'eau ſi belle & ſi extraordinaire, que jamais il ne s'eſt rien veû de pareil. Le ſieur Joly, qui en avoit eû la conduite, les avoit ſi bien ménagées, que produiſant toutes des effets differens, il y avoit encore vne vnion, & vn certain accord, qui faiſoit paroiſtre par tout vne agréable beauté, la chûte des vnes ſervant en pluſieurs endroits à donner plus d'éclat à la chûte des autres. Les jets d'eau, qui s'élevoient de quinze pieds ſur le devant des deux canaux, venoient peu à peu à ſe diminuer de hauteur & de force, à meſure qu'ils s'éloignoient de la veuë : de ſorte que s'accordant avec la belle maniére dont l'on avoit diſpoſé l'allée , il ſembloit que cette allée, qui n'avoit guere plus de quinze toiſes de long , en euſt quatre fois davantage ; tant toutes choſes y eſtoient bien conduites.

Pendant que dans vn ſejour ſi charmant, leurs Majeſtez, & toute la Cour, prenoient le divertiſſement du Bal, à la veuë de ces beaux objets, & au bruit de ces eaux, qui n'interrompoit qu'agréablement le ſon des inſtrumens, l'on préparoit ailleurs d'autres ſpectacles, dont perſonne ne s'étoit apperceû, & qui devoient ſurprendre tout le monde. Le ſieur Giſſey, outre le ſoin qu'il avoit pris du lieu où le Roy avoit ſoupé, & des deſſeins de tous les habits de la Comédie, ſe trouvant encore chargé des Illuminations qu'on devoit mettre au Chaſteau, & en pluſieurs endroits du Parc, travailloit à mettre toutes ces choſes en ordre, pour faire que ce beau divertiſſement euſt vne fin auſſi heureuſe & auſſi agréable, que le ſuccés en avoit eſté favorable juſques alors ; ce qui arriva en effet par les ſoins qu'il y prit. Car en

vn moment toutes les chofes furent fi bien ordonnées, que quand
leurs Majeftez fortirent du Bal,
Elles apperceurent le tour du fer
à cheval , & le Chafteau tout en
feu ; mais d'vn feu fi beau & fi
agréable, que cét élement , qui ne
paroift guere dans l'obfcurité de
la nuit, fans donner de la crainte
& de la frayeur , ne caufoit que
du plaifir & de l'admiration. Deux
cens vafes de quatre pieds de haut
de plufieurs façons , & ornez de
differentes maniéres , entouroient
ce grand efpace qui enferme les
parterres de gazon, & qui forme
le fer à cheval. Au bas des degrez qui font au milieu, on voioit
quatre figures reprefentant quatre
Fleuves ; & au deffus , fur quatre
pieds d'eftaux , qui font aux extrémitez des rampes , quatre autres figures, qui reprefentoient les
quatres parties du monde. Sur les
angles du fer à cheval , & entre

les vafes , il y avoit trente-huit candelabres ou chandeliers antiques de fix pieds de haut. Et ces vafes, ces candelabres , & ces figures eftant éclairées de la mefme forte que celles qui avoient paru dans la frife du Salon où l'on avoit foupé , faifoient vn fpectacle merveilleux. Mais la Cour eftant arrivée au haut du fer à cheval , & découvrant encore mieux tout le Chafteau , ce fut alors que tout le monde demeura dans vne furprife, qui ne fe peut connoiftre qu'en la reffentant.

Il eftoit orné de quarante-cinq figures. Dans le milieu de la porte du Chafteau il y en avoit vne qui reprefentoit Janus ; & des deux coftez, dans les quatorze feneftres d'en bas , l'on voioit differens trophées de guerre. A l'étage d'en haut, il y avoit quinze figures , qui reprefentoient diverfes Vertus , & au deffus vn Soleil

avec des lires , & d'autres inſtrumens , aiant rapport à Apollon ,
qui paroiſſoient en quinze differ-
rens endroits. Toutes ces figures
eſtoient de diverſes couleurs, mais
ſi brillantes & ſi belles , que l'on
ne pouvoit dire ſi c'eſtoient differens metaux allumez , ou des
pierres de pluſieurs couleurs, qui
fuſſent éclairées par vn artifice in-
connu. Les baluſtrades qui environnent le foſſé du Chaſteau eſtoient
illuminées de la meſme ſorte ; &
dans les endroits où durant le jour
on avoir veû des vaſes remplis d'o-
rangers & de fleurs, l'on y voioit
cent vaſes de diverſes formes, allumez de differentes couleurs.

De ſi merveilleux objets arre-
ſtoient la veuë de tout le monde,
lors qu'vn bruit qui s'éleva vers
la grande allée, fit qu'on ſe tour-
na de ce coſté-là. Auſſi-toſt on la
vit éclairée d'vn bout à l'autre,
de ſoixante-douze Thermes faits

de la mesme maniére que les figures qui eſtoient au Chaſteau,
& qui la bordoient des deux coſtez. De ces Thermes il partit en
vn moment vn ſi grand nombre
de fuſées, que les vnes ſe croi-
ſant ſur l'allée faiſoient vne eſpece de berceau ; & les autres s'é-
levant tout droit, & laiſſant juſques en terre vne groſſe trace de
lumiére, formoient comme vne
haute paliſſade de feu. Dans le
temps que ces fuſées montoient
juſques au Ciel, & qu'elles rem-
pliſſoient l'air de mille clartez plus
brillantes que les étoiles, l'on
voioit tout au bas de l'allée le
grand baſſin d'eau, qui paroiſſoit
vne mer de flâme & de lumiére,
dans laquelle vne infinité de feux
plus rouges & plus vifs, ſembloient ſe jouër au milieu d'vne
clarté plus blanche & plus claire.

A de ſi beaux effets ſe joignit
le bruit de plus de cinq cens boë-

tes, qui eſtant dans le grand parc, & fort éloignées, ſembloient eſtre l'écho de ces grands éclats, dont les groſſes fuſées faiſoient retentir l'air lors qu'elles eſtoient en haut.

Cette grande allée ne fut guéres en cét eſtat, que les trois baſſins de fontaines, qui ſont dans le parterre de gazon, au bas du fer à cheval, parurent trois ſources de lumiéres. Mille feux ſortoient du milieu de l'eau, qui comme furieux, & s'échapant d'vn lieu où ils auroient eſté retenus par force ſe répandoient de tous coſtez ſur les bords du parterre. Une infinité d'autres feux ſortant de la gueule des Lézards, des Crocodilles, des Grenoüilles, & des autres animaux de bronze qui ſont ſur les bords des fontaines, ſembloient aller ſecourir les premiers ; & ſe jettant dans l'eau ſous la figure de pluſieurs ſerpens, tantoſt ſeparé-

ment, tantoft joints enſemble par
gros pelottons , lui faiſoient vne
rude guerre. Dans ces combats
accompagnez de bruits épouvan-
tables , & d'vn embraſement qu'on
ne peut repreſenter , ces deux Elemens eſtoient ſi étroitement meſlez
enſemble , qu'il eſtoit impoſſi-
ble de les diſtinguer. Mille fuſées
qui s'élevoient en l'air, paroiſſoient
comme des jets d'eau enflâmez ;
& l'eau qui bouïllonnoit de toutes parts , reſſembloit à des flots
de feu , & à des flâmes agitées.

Bien que tout le monde ſceuſt
que l'on préparoit des Feux d'artifice , néanmoins en quelque lieu
qu'on allaſt durant le jour , l'on
n'y voioit nulle diſpoſition ; de-
ſorte que dans le temps que chacun eſtoit en peine du lieu où ils
devoient paroiſtre, l'on s'en trouva tout d'vn coup environné. Car
non ſeulement ils partoient de ces
baſſins de fontaines , mais encore

des grandes allées qui environnent le Parterre ; & en voiant sortir de terre mille flâmes qui s'élevoient de tous coftez , l'on ne fçavoit s'il y avoit des canaux qui fourniffent cette nuit-là autant de feux , comme pendant le jour on avoit veû de jets-d'eau qui rafraifchiffoient ce beau parterre. Cette furprife caufa vn agréable defordre parmi tout le monde , qui ne fçachant où fe retirer , fe cachoit dans l'épaiffeur des bocages , & fe jettoit contre terre.

Ce fpeetacle ne dura qu'autant de temps qu'il en faut pour imprimer dans l'efprit vne belle image de ce que l'eau & le feu peuvent faire quand ils fe rencontrent enfemble, & qu'ils fe font la guerre ; & chacun croiant que la Fefte fe termineroit par vn artifice fi merveilleux , retournoit vers le Chafteau , quand du cofté du grand Etang l'on vit tout d'vn

coup le Ciel rempli d'éclairs , &
l'air d'vn bruit qui sembloit faire
trembler la terre. Chacun se rangea vers la Grotte pour voir cette
nouveauté ; & aussitost il sortit
de la Tour de la Pompe qui éleve
toutes les eaux , vne infinité de
grosses fusées, qui remplirent tous
les environs de feu & de lumiére.
A quelque hauteur qu'elles mon-
tassent, elles laissoient attachée à
la Tour vne grosse queuë, qui ne
s'en separoit point que la fusée
n'eust rempli l'air d'vne infinité
d'étoiles qu'elle y alloit répandre.
Tout le haut de cette Tour sembloit estre embrasé, & de moment
en moment elle vomissoit vne infinité de feux, dont les vns s'élevoient jusques au Ciel, & les autres ne montant pas si haut, sem-
bloient se joüer par mille mouvemens agréables qu'ils faisoient.
Il y en avoit mesme qui mar-
quant les Chiffres du Roi par leurs

tours & retours , traçoient dans l'air de doubles L , toutes brillantes d'vne lumiére tres-vive & trespure. Enfin , aprés que de cette Tour il fut forti à plufieurs fois vne fi grande quantité de fusées, que jamais on n'a rien veû de femblable , toutes ces lumiéres s'éteignirent ; & comme fi elles euffent obligé les étoiles du Ciel à fe retirer, l'on s'apperceut que de ce cofté-là la plus grandè partie ne fe voioit plus , mais que le jour jaloux des avantages d'vne fi belle nuit , commençoit à paroiftre.

Leurs Majeftez prirent auffitoft le chemin de Saint Germain avec toute la Cour , & il n'y eut que Monfeigneur le Dauphin qui demeura dans le Chafteau.

Ainfi finit cette grande Fefte, de laquelle fi l'on remarque bien toutes les circonftances, on verra qu'elle a furpaffé en quelque façon

çon ce qui a jamais efté fait de plus memorable. Car foit que l'on regarde comme en fi peu de temps l'on a dreffé des lieux d'vne grandeur extraordinaire pour la Comédie, pour le fouper, & pour le Bal ; foit que l'on confidere les divers ornemens dont on les a embellis ; le nombre des lumiéres dont on les a éclairez ; la quantité d'eaux qu'il a falu conduire, & la diftribution qui en a efté faite ; la fomptuofité des repas, où l'on a veû vne quantité de toutes fortes de viandes, qui n'eft pas concevable ; & enfin toutes les chofes neceffaires à la magnificence de ces fpectacles, & à la conduite de tant de differens Ouvriers, on avoüera qu'il ne s'eft jamais rien fait de plus furprenant, & qui ait caufé plus d'admiration.

Mais comme il n'y a que le Roi qui puiffe en fi peu de temps mettre de grandes Armées fur pied,

& faire des conqueſtes avec cette rapidité que l'on a veuë, & dont toute la Terre a eſté épouvantée, lors que dans le milieu de l'Hyver Elle triomphoit de ſes ennemis, & faiſoit ouvrir les portes de toutes les Villes par où Elle paſſoit : Auſſi n'appartient-il qu'à ce grand Prince de mettre enſemble avec la meſme promptitude autant de Muſiciens, de Danſeurs, & de Joüeurs d'Inſtrumens , & tant de differentes beautez. Vn Capitaine Romain diſoit autrefois , qu'il n'étoit pas moins d'vn grand homme de ſçavoir bien diſpoſer vn Feſtin agréable à ſes Amis , que de ranger vne Armée redoutable à ſes Ennemis : Ainſi l'on voit que ſa Majeſté fait toutes ſes actions avec vne grandeur égale ; & que ſoit dans la Paix, ſoit dans la Guerre, Elle eſt par tout inimitable.

Quelque Image que j'aye tâché de faire de cette belle Feſte; j'avoüë

qu'elle n'eſt que tres-imparfaite;
& l'on ne doit pas croire que l'i-
dée qu'on s'en formera ſur ce que
j'en ay écrit, approche en aucune
façon de la verité. L'on donnera
au public les figures des principales décorations ; mais ni les paroles , ni les figures ne ſçauroient
bien repreſenter tout ce qui ſervit
de divertiſſement dans ce grand
jour de réjouïſſance.

FELIBIEN.

F I N.

❈❈ ❈❈ ❈❈❈❈ ❈❈ ❈❈

EXTRAIT DV PRIVILEGE
du Roy.

PAR Lettres Patentes du Roy
données à Paris le 9. Octobre
1663. Signées HERVE', & fcel-
lées du grand Sceau de cire jaune,
il eft permis à ANDRE' FELIBIEN,
fieur des Avaux, de faire imprimer
par tel Imprimeur qu'il voudra,
*les Defcriptions qu'il a faites de
plufieurs Tableaux, & les Difcours
qu'il a compofez concernant la Peinture, la Sculpture, & l'Architecttu-
re,* & ce durant l'efpace de vingt
années. Avec défenfes, &c.

www.ingramcontent.com/pod-product-compliance
Lightning Source LLC
LaVergne TN
LVHW011938180726
843502LV00003B/825